EMC Español 3

¡Aventura!

Grammar and Vocabulary Exercises

Teacher's Edition

Paul J. Hoff

Nuria Ibarrechevea Hoff

EMC
Publishing

ST. PAUL • LOS ANGELES • INDIANAPOLIS

Editorial Director
Alejandro Vargas

Project Manager
Charisse Litteken

Production Editor
Amy McGuire

Care has been taken to verify the accuracy of information presented in this book. However, the authors, editors, and publisher cannot accept responsibility for Web, e-mail, newsgroup, or chat room subject matter or content, or for consequences from application of the information in this book, and make no warranty, expressed or implied, with respect to its content.

We have made every effort to trace the ownership of all copyrighted material and to secure permission from copyright holders. In the event of any question arising as to the use of any material, we will be pleased to make the necessary corrections in future printings.

ISBN 978-0-82194-018-1

© 2009 by EMC Publishing, LLC
875 Montreal Way
St. Paul, MN 55102
E-mail: educate@emcp.com
Web site: www.emcp.com

Printed in the United States of America

16 15 14 13 12 11 10 09   2 3 4 5 6 7 8 9 10

TABLE OF CONTENTS

Capítulo 1

Lección A

1   Conteste las siguientes preguntas con oraciones completas.

1. ¿Cómo estás?

   Answers will vary. _____

2. ¿Dónde estuviste las vacaciones pasadas?

   _____

3. ¿Obedeces las reglas de tu colegio? Explica.

   _____

4. ¿Perteneces a algún coro? ¿Hay un coro en tu colegio?

   _____

5. ¿Hay una orquesta en tu colegio?

   _____

6. ¿Tocas algún instrumento?

   _____

7. ¿Eres miembro de algún club?

   _____

8. ¿De qué club te interesa hacerte miembro?

   _____

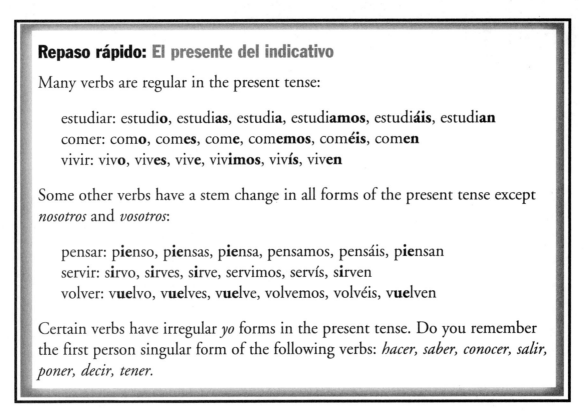

Repaso rápido: El presente del indicativo

Many verbs are regular in the present tense:

> estudiar: estudi**o**, estudi**as**, estudi**a**, estudi**amos**, estudi**áis**, estudi**an**
> comer: com**o**, com**es**, com**e**, com**emos**, com**éis**, com**en**
> vivir: viv**o**, viv**es**, viv**e**, viv**imos**, viv**ís**, viv**en**

Some other verbs have a stem change in all forms of the present tense except *nosotros* and *vosotros*:

> pensar: p**ie**nso, p**ie**nsas, p**ie**nsa, pensamos, pensáis, p**ie**nsan
> servir: s**i**rvo, s**i**rves, s**i**rve, servimos, servís, s**i**rven
> volver: v**ue**lvo, v**ue**lves, v**ue**lve, volvemos, volvéis, v**ue**lven

Certain verbs have irregular *yo* forms in the present tense. Do you remember the first person singular form of the following verbs: *hacer, saber, conocer, salir, poner, decir, tener.*

2 Haga oraciones completas para decir las actividades que diferentes personas hacen en un día típico, usando el presente del indicativo y las pistas que se dan.

1. yo / estudiar español

   Yo estudio español.

2. mis amigos / ir a la biblioteca

   Mis amigos van a la biblioteca.

3. mi prima / ver la televisión

   Mi prima ve la televisión.

4. Pamela / jugar al voleibol

   Pamela juega al voleibol.

5. nosotros / comer en la cafetería

   Nosotros comemos en la cafetería.

6. tú / venir a clase

   Tú vienes a clase.

3 Encuentre y encierre con una línea seis verbos en el presente del indicativo.

```
W   Z   O   P   I   A   S   T   B   V
C   O   M   P   R   E   N   D   O   A
O   C   Z   X   O   P   A   T   Y   M
R   P   D   U   E   R   M   E   S   O
R   M   A   P   O   I   T   X   A   S
E   T   N   A   V   Y   G   H   E   P
A   M   I   P   S   A   L   E   T   V
```

4 Conteste las siguientes preguntas sobre un día típico.

1. ¿Qué ropa te pones para ir a la escuela?

    Answers will vary. _____

2. ¿A qué hora sales de casa?

    _____

3. ¿Qué clases tienes?

    _____

4. ¿Dónde comes el almuerzo y con quién?

    _____

5. ¿Qué música escuchas?

    _____

6. ¿Cuántas horas duermes?

    _____

Repaso rápido: Los verbos que terminan en -*cer*, -*cir*

Many verbs that end in -*cer* and -*cir* have irregular *yo* forms in the present tense because the -*c* changes to -*zc*.

Paco conoce a la estudiante nueva pero yo no la conozco.
María Fernanda pertenece al club de ecología y yo también pertenezco.

---

5 **Cambie las siguientes oraciones a la forma de *yo* para decir que Ud. tiene mucho en común con Diana.**

MODELO   Diana merece una buena nota.
   <u>Yo merezco una buena nota también.</u>

1. Diana conduce con cuidado.

   Yo conduzco con cuidado también.

2. Diana conoce a muchas personas.

   Yo conozco a muchas personas también.

3. Diana ofrece ayuda a sus amigos.

   Yo ofrezco ayuda a mis amigos también.

4. Diana reconoce los problemas.

   Yo reconozco los problemas también.

5. Diana pertenece a un club.

   Yo pertenezco a un club también.

6. Diana traduce las cartas.

   Yo traduzco las cartas también.

Repaso rápido: Usos del presente

The present tense in Spanish can be used to describe typical activities, things that are happening as you speak, or actions in the immediate future.

Tenemos clase cinco días cada semana.	We have class five days a week.
Francisco estudia español.	Francisco is studying Spanish.
Esta tarde voy a la tienda.	This afternoon I am going to the store.

6 **Complete el siguiente párrafo en forma lógica, usando los verbos de la caja y sus formas apropiadas.**

> ir   tener   llevar   hacer
> comer   levantarse   estudiar   jugar

Todos los días Ana **se levanta** _____ de la cama a las siete de la mañana.

Ella **come/hace** _____ el desayuno y, luego, **va** _____

a la escuela. Si **hace** _____ mal tiempo, ella **lleva** _____

una chaqueta. Ana y sus amigas **estudian** _____ en la biblioteca y

juegan _____ al básquetbol en el gimnasio. Esta noche

tienen/juegan _____ un partido importante.

7 ¿Qué hace Ud. los fines de semana? Escriba un párrafo para describir sus actividades y las de su familia durante un fin de semana.

Answers will vary.

_____

_____

_____

_____

_____

_____

_____

_____

8 Ponga las letras en el orden correcto para escribir bien las palabras.

1. ogva   vago
2. torah   harto
3. doimatvo   motivado
4. tesaolotn   talentoso
5. uoglloros   orgulloso
6. tcsareit   estricta
7. dzgnaoiora organizado

9 **Conteste las siguientes preguntas con oraciones completas.**

1. ¿En qué clase eres muy talentoso/a?

   Answers will vary. _____

2. ¿Quién es un(a) profesor(a) estricto/a?

   _____

3. ¿Eres una persona muy estudiosa? ¿Cómo eres?

   _____

4. ¿Estás siempre motivado/a para estudiar? Explica.

   _____

5. ¿Crees que tener confianza en sí mismo es importante? Explica.

   _____

6. ¿De qué o de quién estás orgulloso/a?

   _____

Repaso rápido: Número y género de los adjetivos

Remember that many adjectives have a singular masculine form ending in *-o* and a singular feminine form ending in *-a*. The plural is made by adding *-s*.

Isabel es cómica y su hermano es divertido. Ellos son simpáticos.

Some adjectives that end in *-e*, *-a* or a consonant have one form for the masculine and feminine singular and one form for the masculine and feminine plural.

Pilar es una profesora inteligente. Sus clases son populares.
Javier es un comerciante importante. Su tienda es muy grande.

Adjectives of nationality can have four different forms:

español/española/españoles/españolas
chileno/chilena/chilenos/chilenas

For plural adjectives, the masculine form is used if one or more of the subjects is masculine.

Natalia y Manuel son españoles.

10 Escriba oraciones completas para describir a Marta, sus parientes y sus amigos. Siga el modelo.

MODELO Marta es simpática. Marta y Susana <u>son simpáticas</u>.

1. Marta es mexicana. Marta y su padre <u>son mexicanos</u>.

2. Marta es joven. Marta y sus amigas <u>son jóvenes</u>.

3. Marta es optimista. Marta y Luis <u>son optimistas</u>.

4. Marta es inteligente. Todos sus familiares <u>son inteligentes</u>.

5. Marta es responsable. Su hermano también <u>es responsable</u>.

6. Los padres de Marta son elegantes. Ella también <u>es elegante</u>.

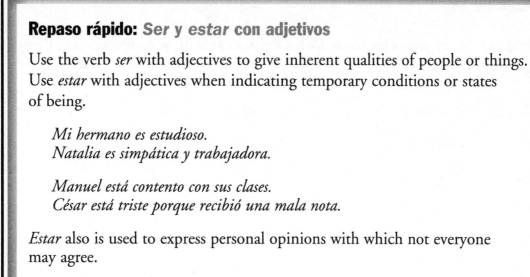

Repaso rápido: *Ser* y *estar* con adjetivos

Use the verb *ser* with adjectives to give inherent qualities of people or things. Use *estar* with adjectives when indicating temporary conditions or states of being.

Mi hermano es estudioso.
Natalia es simpática y trabajadora.

Manuel está contento con sus clases.
César está triste porque recibió una mala nota.

Estar also is used to express personal opinions with which not everyone may agree.

La cena está deliciosa.
Felipe está muy guapo con su camisa nueva.

Remember that some adjectives change in meaning when used with *ser* or *estar*. They include *listo, aburrido, vivo* and *orgulloso*.

11 Complete las siguientes oraciones con la forma correcta de *ser* o *estar*.

Marcos y Rosa __están__ contentos con sus trabajos. Rosa __es__

profesora y sus estudiantes __son__ muy listos. Marcos __es__ un

comerciante muy trabajador y su oficina __está__ en el centro de la ciudad.

Hoy los dos __están__ ocupados porque van a tener una fiesta en su casa.

Todo __está__ listo y piensan que la fiesta va a __estar__ muy bien.

Lección B

1 Escriba en los espacios las letras de las definiciones de la columna de la derecha que correspondan lógicamente con las palabras de la columna de la izquierda.

1. __C__ niñera   A. persona que da clases

2. __E__ músico   B. practica el deporte más popular del mundo

3. __A__ instructor   C. persona que cuida niños

4. __B__ futbolista   D. persona que entrega periódicos

5. __F__ ciclista   E. toca en conciertos

6. __D__ repartidor   F monta en bicicleta

2 Conteste las siguientes preguntas con oraciones completas.

1. ¿Qué deportes juegas?

   Answers will vary.

2. ¿Qué deportes ves en la televisión?

   _____

3. ¿Cuál es tu deporte favorito?

   _____

4. ¿Te gustaría más trabajar de niñero/a o de repartidor(a) de periódicos?

   _____

5. ¿Qué quieres ser en el futuro?

   _____

3 Ponga los siguientes trabajos en el orden en que más le interesan y, luego, explique por qué le interesan más sus dos primeras opciones.

```
músico/a      beisbolista        ciclista
    atleta                 entrenador(a)
  mecánico(a)    repartidor(a)    niñero/a
```

1. **Answers will vary.** _____
2. _____
3. _____
4. _____
5. _____
6. _____
7. _____
8. _____

Me interesa ser _____ porque _____

_____

_____.

También me interesa ser _____ porque _____

_____

_____.

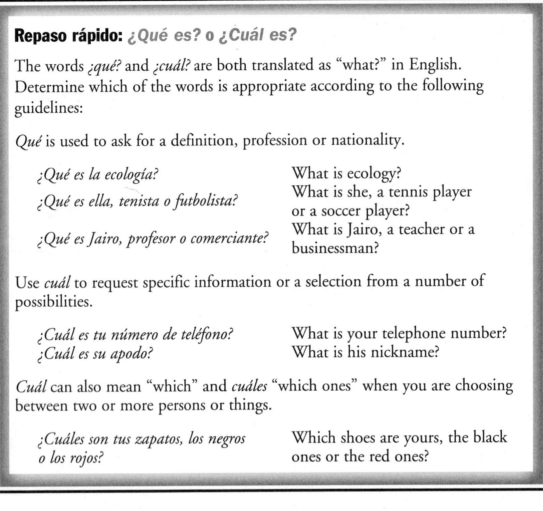

Repaso rápido: *¿Qué es? o ¿Cuál es?*

The words *¿qué?* and *¿cuál?* are both translated as "what?" in English. Determine which of the words is appropriate according to the following guidelines:

Qué is used to ask for a definition, profession or nationality.

¿Qué es la ecología?	What is ecology?
¿Qué es ella, tenista o futbolista?	What is she, a tennis player or a soccer player?
¿Qué es Jairo, profesor o comerciante?	What is Jairo, a teacher or a businessman?

Use *cuál* to request specific information or a selection from a number of possibilities.

¿Cuál es tu número de teléfono?	What is your telephone number?
¿Cuál es su apodo?	What is his nickname?

Cuál can also mean "which" and *cuáles* "which ones" when you are choosing between two or more persons or things.

¿Cuáles son tus zapatos, los negros o los rojos?	Which shoes are yours, the black ones or the red ones?

4 **Complete las siguientes preguntas, escogiendo entre *qué, cuál o cuáles*.**

1. ¿ **Cuál** _____ es la fecha de hoy?

2. ¿ **Qué** _____ es Pedro, futbolista o tenista?

3. ¿ **Qué** _____ comes por la mañana?

4. ¿ **Cuáles** _____ son tus libros favoritos?

5. ¿ **Cuál** _____ es la capital de Puerto Rico?

6. ¿ **Qué** _____ es la libertad?

7. ¿ **Cuáles** _____ son tus deportes favoritos?

Repaso rápido: El verbo *ser*

To give a person's profession use the verb *ser* without an indefinite article.

Susana es médica.   Susana is a doctor.
Juan es arquitecto.   Juan is an architect.

When a profession is accompanied by an adjective, the indefinite article is used.

Susana es una médica excelente.   Susana is an excellent doctor.
Juan es un arquitecto creativo.   Juan is a creative architect.

5 Escriba oraciones completas para decir las ocupaciones de las siguientes personas y, luego, dar una descripción de cada persona. Use las pistas que se dan.

> **MODELO** mi tío / músico / popular
> <u>Mi tío es músico. Es un músico popular.</u>

1. mi prima / atleta / famosa

   Mi prima es atleta. Es una atleta famosa.

2. Teresa / guitarrista / fantástica

   Teresa es guitarrista. Es una guitarrista fantástica.

3. Manuel / repartidor / simpático

   Manuel es repartidor. Es un repartidor simpático.

4. Juan y Luisa / entrenadores de animales / excelente

   Juan y Luisa son entrenadores de animales. Son entrenadores

   de animales excelentes.

5. Pedro / mecánico / creativo

   Pedro es mecánico. Es un mecánico creativo.

6. Carlos / instructor / excelente

   Carlos es instructor. Es un instructor excelente.

6 **Conteste las siguientes preguntas con oraciones completas.**

1. ¿Prefieres las películas de ciencia ficción o las de aventuras?

    Answers will vary. _____

2. ¿Te gustan más las películas cómicas o las de terror?

    _____

3. ¿Qué película te encanta?

    _____

4. ¿Qué película te disgusta?

    _____

5. ¿Con qué frecuencia vas al cine?

    _____

7 **Escriba los nombres de seis películas o programas de televisión. Luego, indique el tipo de cada película/programa.**

	película/programa	tipo
MODELO	Expediente X	ciencia ficción
1.	**Answers will vary.**	_____
2.	_____	_____
3.	_____	_____
4.	_____	_____
5.	_____	_____
6.	_____	_____

> ## Repaso rápido: *Gustar*
>
> The verb *gustar* (to be pleasing) is used to convey the notion of liking something. The present tense forms are *gusta* and *gustan* while the preterite tense forms are *gustó* and *gustaron*.
>
> | | |
> |---|---|
> | *Me gusta esta clase.* | I like this class. |
> | *No me gustan esos programas.* | I don't like those programs. |
>
> The verb *gustar* is used with indirect object pronouns to say who likes what: *me, te, le, nos, os, les.*
>
> | | |
> |---|---|
> | *¿Te gusta la música?* | Do you like music? |
> | *Nos gustan los conciertos.* | We like concerts. |
>
> Note that *a* plus a name or pronoun may be added for clarity or emphasis.
>
> | | |
> |---|---|
> | *A mí me gustó el restaurante.* | I liked the restaurant. |
> | *A Ana le gustó la comida.* | Ana liked the food. |

8 Escriba oraciones lógicas usando información de cada columna.

yo		los deportes
tú		el colegio
mi amiga	gustar	estudiar
Ud.		los conciertos
nosotros		bailar
mis amigos		la playa

1. **A mí me gusta(n)....** _____

2. **A ti te gusta(n)....** _____

3. **A mi amiga le gusta(n)....** _____

4. **A Ud. le gusta(n)....** _____

5. **A nosotros nos gusta(n)....** _____

6. **A mis amigos les gusta(n)....** _____

Repaso rápido: Otros verbos como *gustar*

Several verbs are conjugated like the verb *gustar* and are preceded by indirect object pronouns. They include *encantar, fascinar, interesar, importar, molestar* and *parecer.*

Nos interesan las noticias.	The news interests us.
Me molesta ese programa.	That program bothers me.

9 Use *gustar* y otros verbos similares para escribir seis frases originales sobre los gustos de personas en su familia.

MODELO   A mi hermano le encanta cocinar.

1. **Answers will vary.** _____

2. _____

3. _____

4. _____

5. _____

6. _____

Capítulo 2

Lección A

1 Termine cada oración con una palabra apropiada de la caja.

> **bigote** **rizado** *lentes*
>
> *gemelas* **calvo** **esposo**

1. Adela tiene pelo __rizado_____.

2. Su padre no tiene pelo. Es un hombre __calvo_____.

3. El padrastro de Gabi tiene __bigote/lentes_____.

4. Mi abuelo es el __esposo_____ de mi abuela.

5. Elisa no ve bien y por lo tanto lleva __lentes_____.

6. Las hermanas de Adela nacieron el mismo día. Ellas son

    __gemelas_____.

2 Encuentre y encierre con una línea siete palabras referentes a parientes.

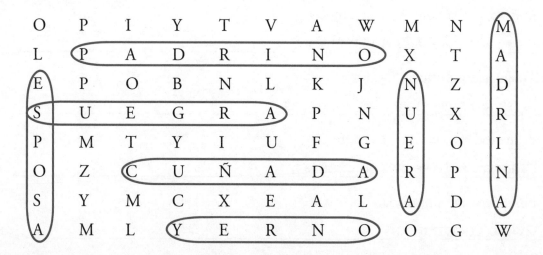

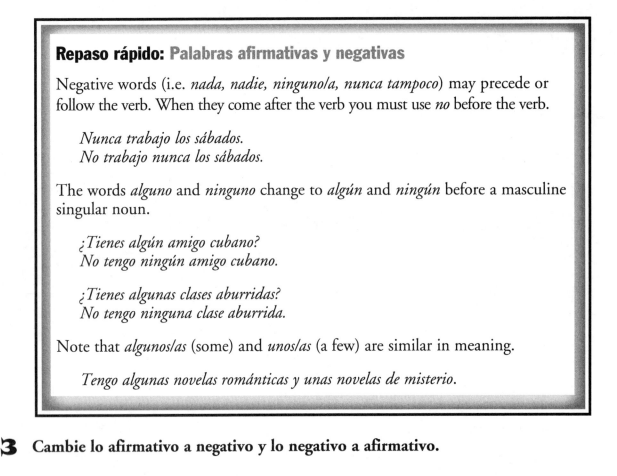

Repaso rápido: Palabras afirmativas y negativas

Negative words (i.e. *nada, nadie, ninguno/a, nunca tampoco*) may precede or follow the verb. When they come after the verb you must use *no* before the verb.

    Nunca trabajo los sábados.
    No trabajo nunca los sábados.

The words *alguno* and *ninguno* change to *algún* and *ningún* before a masculine singular noun.

    ¿Tienes algún amigo cubano?
    No tengo ningún amigo cubano.

    ¿Tienes algunas clases aburridas?
    No tengo ninguna clase aburrida.

Note that *algunos/as* (some) and *unos/as* (a few) are similar in meaning.

    Tengo algunas novelas románticas y unas novelas de misterio.

3 Cambie lo afirmativo a negativo y lo negativo a afirmativo.

1. Siempre comemos a la una.

   Nunca comemos a la una./No comemos nunca a la una.

2. No hay nadie en casa.

   Hay alguien en casa.

3. Luis no va a la fiesta y Ana tampoco.

   Luis va a la fiesta y Ana también.

4. Tengo algunas amigas mexicanas.

   No tengo ninguna amiga mexicana.

5. Felipe todavía vive con sus padres.

   Felipe ya no vive con sus padres.

6. No quiero comprar nada.

   Quiero comprar algo.

4 Escriba en los espacios las letras de las definiciones de la columna de la derecha que correspondan lógicamente con las palabras de la columna de la izquierda.

1. __E__ terraza   A. da calor a una casa

2. __B__ vaciar   B. sacar el contenido de algo

3. __F__ regar   C. una máquina para cortar el césped

4. __D__ clavar   D. lo que se hace con un martillo

5. __C__ cortacésped   E. lugar afuera de la casa

6. __A__ calefacción   F. dar agua a las plantas

7. __G__ enchufar   G. conectar un aparato a la electricidad

5 Conteste las siguientes preguntas con oraciones completas.

1. ¿Prefieres regar las plantas o cortar el césped?

   __Answers will vary.__

2. ¿Te gusta decorar? ¿Qué has decorado?

   _____

3. ¿Quién vacía los basureros en tu casa?

   _____

4. ¿Dónde hay un extinguidor de incendios donde vives?

   _____

5. ¿Tiene una terraza tu casa?

   _____

6. ¿Compartes tu habitación con alguien? ¿Con quién?

   _____

Repaso rápido: Usos del gerundio y la construcción progresiva

The present participle (gerund) ends in *-ando* for *-ar* verbs and *-iendo* for *-er* and *-ir* verbs. Only *-ir* verbs with stem changes in the preterite tense have stem changes in the present participle. Usually the *gerundio* is equivalent to the English **-ing** verb ending.

hablar	→	hablando
comer	→	comiendo
escribir	→	escribiendo
servir (sirvió)	→	sirviendo
sentir (sintió)	→	sintiendo
dormir (durmió)	→	durmiendo

Note that the following verbs have a spelling change in the gerund:

caer	→	cayendo
leer	→	leyendo
oír	→	oyendo
traer	→	trayendo

The present progressive tense is used to talk about actions taking place at a given time. It is formed by combining a form of the verb *estar* with the present participle.

*Carolina **está viendo** la televisión.*   Carolina is watching television.
*Nosotros **estamos estudiando**.*   We are studying.

When using the present progressive, object pronouns may be placed before the verb *estar* or after the gerund.

*Carlos **me está llamando**.*
*Carlos **está llamándome**.*   Carlos is calling me.

Note that in Spanish you use an infinitive and not a gerund when the verb is the subject of a sentence.

***Estudiar** es muy importante.*   Studying is very important.

6 Complete las siguientes oraciones para decir lo que diferentes personas están haciendo, escogiendo el verbo apropiado de la caja y usando el presente progresivo.

> **regar**   **dormir**   sacar   **estudiar**
>
> pintar   **correr**   **servir**

1. Tania **está regando** las plantas.

2. Julio **está corriendo** en el parque.

3. Yo **estoy estudiando** español.

4. María **está pintando** la cerca.

5. Mis amigos **están durmiendo** la siesta.

6. Carlos **está sacando** el perro.

7. Tú **estás sirviendo** la comida.

7 Piense en seis familiares suyos y lo que están haciendo ahora mismo. Escriba seis frases para resumir sus actividades.

MODELO   Mi hermana está trabajando en su oficina.

1. **Answers will vary.** _____

2. _____

3. _____

4. _____

5. _____

6. _____

Repaso rápido: El uso impersonal de se

The word *se* can be used in an impersonal sense to say that "people do..., you do... or one does...." Note that the verb may be singular or plural, depending on whether the subject is singular or plural.

En España se come un   In Spain people eat
desayuno pequeño.   a small breakfast.

Statements with *se* are very common in instructions and posted signs.

Se vende casa.   House for sale.

8 Escriba en los espacios las letras de los lugares de la columna de la derecha que correspondan lógicamente con los anuncios de la columna de la izquierda.

1. __D__ Se venden libros usados.   A. una tienda para turistas en Miami

2. __A__ Se habla español.   B. una compañía internacional

3. __B__ Se busca secretaria bilingüe. C. un restaurante español

4. __C__ Se sirve paella.   D. una librería

5. __F__ Se alquilan carros.   E. un parque público

6. __E__ Se prohíbe pisar el césped.   F. una compañía que presta medios de transporte

9 Escriba el lugar o la cosa que corresponde a cada frase.

1. se guarda la comida en la cocina   **la alacena**

2. se seca la ropa   **la secadora**

3. se hace ejercicio   **el gimnasio**

4. se lava la ropa   **la lavadora**

5. se riegan las plantas   **el jardín**

6. se va de un cuarto a otro   **el pasillo**

Lección B

1 Complete el siguiente crucigrama con palabras referentes a objetos del baño.

Horizontales

4. se usa para secarse
6. se usa para lavarse los dientes
   (tres palabras)
7. se usa para arreglarse el pelo

Verticales

1. se usa con el cepillo de dientes para
   lavarse los dientes (tres palabras)
2. se usa para pintarse las uñas
   (tres palabras)
3. se usa para lavarse las manos y
   el cuerpo
5. se usa para secarse el pelo
6. se usa para lavarse el pelo

2 **Conteste las siguientes preguntas con oraciones completas.**

1. ¿Cuánto tiempo necesitas para prepararte por la mañana?

   Answers will vary. _____

2. En tu familia, ¿quién necesita mucho tiempo para prepararse?

   _____

3. ¿Eres mandón(a)? ¿Quién es mandón(a) en tu casa?

   _____

4. ¿En qué situación te pones furioso/a?

   _____

5. ¿Cuántas veces usas el cepillo y la pasta de dientes en un día típico?

   _____

6. ¿En qué cuarto hay más desorden en tu casa?

   _____

7. ¿Eres una persona paciente? Explica.

   _____

Repaso rápido: Construcciones reflexivas

In reflexive constructions the subject of the sentence is also the recipient of the action.

Ella se prepara.	She is getting herself ready.
Ella prepara la comida.	She is preparing the food.

Reflexive constructions include reflexive pronouns:

yo **me** preparo	nosotros **nos** preparamos
tú **te** preparas	vosotros **os** preparáis
él, ella, Ud. **se** prepara	ellos, ellas, Uds. **se** preparan

When a conjugated verb is followed by an infinitive the reflexive pronoun may precede the first verb or be attached to an infinitive.

3 Haga oraciones completas con las pistas que se dan para decir las actividades que hacen por la mañana las siguientes personas en un día típico.

1. los profesores / levantarse pronto

    Los profesores se levantan pronto. _____

2. yo / bañarse rápidamente

    Yo me baño rápidamente. _____

3. mis amigos / despertarse a las seis

    Mis amigos se despiertan a las seis. _____

4. tú / cepillarse los dientes

    Tú te cepillas los dientes. _____

5. mi prima / pintarse las uñas

    Mi prima se pinta las uñas. _____

6. nosotros / prepararse para salir

    Nosotros nos preparamos para salir. _____

4 Los siguientes verbos corresponden a actividades típicas de la mañana. Póngalos en la forma *yo* del presente en el orden en el que Ud. los hace.

> **vestirse**   **peinarse**   *despertarse*
>
> *bañarse*   **secarse**   **cepillarse los dientes**

The order may vary:

1. **Me despierto.** _____

2. **Me cepillo los dientes.** _____

3. **Me baño.** _____

4. **Me seco.** _____

5. **Me peino.** _____

6. **Me visto.** _____

Repaso rápido: Otras construcciones reflexivas

Several reflexive verbs convey the idea of "to become" or "to get." They include *enojarse* (to get mad), *aburrirse* (te get bored), *enfermarse* (to get sick) and *ponerse* + adjective (*furioso/a, nervioso/a, triste, feliz,* etc.).

The verb *tocar* means "to touch" or "to play a musical instrument." When used like the verb *gustar*, the meaning of *tocar* changes to "to be someone's turn."

> *Roberto toca la guitarra.*   Roberto plays the guitar.
> *A Roberto le toca ir a la tienda.*   It is Roberto's turn to go to the store.

The verb *faltar* means "to be absent." When used like the verb *gustar*, the meaning of *faltar* changes to "to need" or "to be missing."

> *Luis nunca falta a clase.*   Luis never misses class.
> *Me faltan cinco dólares para*   I need five dollars to buy the book.
> *comprar el libro.*

5 Complete las siguientes oraciones de una manera lógica.

1. Me pongo triste cuando __Answers will vary._____ .

2. Nosotros nos aburrimos cuando _____ .

3. Mis amigos se enojan cuando _____ .

4. Algunas personas se enferman cuando _____ .

5. Mi mejor amiga se pone nerviosa cuando _____ .

6. La profesora se pone feliz cuando _____ .

Repaso rápido: Cambios de significado en las construcciones reflexivas y las acciones recíprocas

The use of a reflexive pronoun changes the meaning of some verbs. They include:

dormir	to sleep	*dormirse*	to fall asleep
ir	to go	*irse*	to leave
levantar	to raise	*levantarse*	to get up
parecer	to seem	*parecerse*	to look like

The plural reflexive forms of certain verbs also can be used to indicate reciprocal actions.

Ana y Alejandro se quieren.　　Ana and Alejandro love each other.
Mi familia y yo nos ayudamos.　My family and I help each other.

6 **Complete lógicamente las siguientes oraciones, escogiendo el verbo apropiado entre paréntesis y escribiendo, luego, su forma correcta en el presente.**

1. Teresa y Ana son gemelas. Ellas __se parecen__ mucho. (parecer/parecerse)

2. Paco __duerme__ ocho horas cada noche. (dormir/dormirse)

3. Los estudiantes __levantan__ la mano en clase. (levantar/levantarse)

4. El sábado nosotros __vamos__ a ir a un concierto. (ir/irse)

5. A veces yo __me duermo__ en el sofá cuando miro la televisión.

   (dormir/dormirse)

6. Esta película __me parece__ interesante a mí. ¿Quieres

   __ir__ al cine conmigo? (parecer/parecerse; ir/irse)

7. Marcos __se levanta__ al final de la clase y después __se va__.

   (levantar/levantarse; ir/irse)

7 Piense en cinco acciones recíprocas entre Ud. y sus amigos y escríbalas en los espacios de abajo.

> MODELO   Nosotros nos saludamos.

1. **Answers will vary.** _____

2. _____

3. _____

4. _____

5. _____

8 Encuentre y encierre con una línea ocho palabras que aparecen en el *Vocabulario II*.

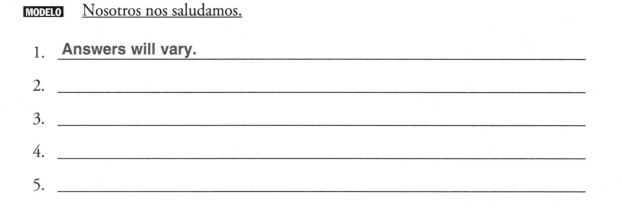

Y	P	S	Á	B	A	N	A	S	Ó	C
W	E	B	T	Y	M	A	N	P	T	U
A	S	C	Ó	M	O	D	A	V	A	B
C	T	L	Ó	R	T	Y	U	V	B	R
P	A	D	Q	B	X	M	O	Y	C	E
E	N	C	O	L	C	H	Ó	N	V	C
R	T	W	P	O	L	N	C	A	P	A
C	E	C	P	C	O	B	I	J	A	M
H	A	A	L	M	O	H	A	D	A	Z	A
A	Y	P	V	C	Z	X	A	E	M	S
S	K	Ó	L	U	E	Z	S	R	T	R

9 **Conteste las siguientes preguntas con oraciones completas.**

1. ¿Quién es desordenado/a en tu familia?

   Answers will vary. _____

2. ¿Cómo es tu cuarto?

   _____

3. ¿Qué usas para decorar tu cuarto?

   _____

4. ¿Cuál es una desventaja de compartir un cuarto?

   _____

5. ¿A qué hora suena tu despertador?

   _____

6. ¿Quién limpia y barre en tu casa?

   _____

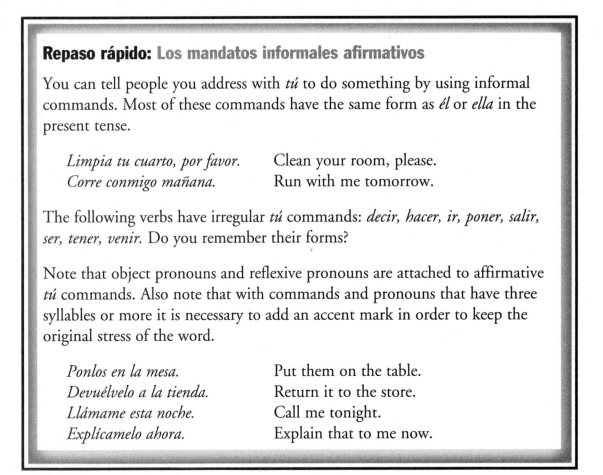

Repaso rápido: Los mandatos informales afirmativos

You can tell people you address with *tú* to do something by using informal commands. Most of these commands have the same form as *él* or *ella* in the present tense.

Limpia tu cuarto, por favor.   Clean your room, please.
Corre conmigo mañana.   Run with me tomorrow.

The following verbs have irregular *tú* commands: *decir, hacer, ir, poner, salir, ser, tener, venir.* Do you remember their forms?

Note that object pronouns and reflexive pronouns are attached to affirmative *tú* commands. Also note that with commands and pronouns that have three syllables or more it is necessary to add an accent mark in order to keep the original stress of the word.

Ponlos en la mesa.   Put them on the table.
Devuélvelo a la tienda.   Return it to the store.
Llámame esta noche.   Call me tonight.
Explícamelo ahora.   Explain that to me now.

10 **Susana y Carolina tienen que limpiar su cuarto. Forme mandatos informales para decir lo que Susana le dice a su hermana.**

MODELO colgar la ropa   <u>Cuélgala.</u>

1. hacer la cama   <u>Hazla.</u>

2. devolver la ropa   <u>Devuélvela.</u>

3. limpiar el estante   <u>Límpialo.</u>

4. barrer el suelo   <u>Bárrelo.</u>

5. organizar los papeles   <u>Organízalos.</u>

6. decorar el cuarto   <u>Decóralo.</u>

11 Piense en seis mandatos que la profesora Ramos dice a su alumna Susana.

1. _Answers will vary._ _____

2. _____

3. _____

4. _____

5. _____

6. _____

12 Escriba en los espacios las letras de los adverbios y preposiciones en inglés de la columna de la derecha que correspondan lógicamente con los adverbios y preposiciones en español de la columna de la izquierda.

1. __E__ delante de   A. far from

2. __G__ encima de   B. to the left of

3. __B__ a la izquierda de   C. here

4. __H__ cerca de   D. between

5. __I__ al lado de   E. in front of

6. __J__ enfrente de   F. to the right of

7. __C__ aquí   G. on top of

8. __D__ entre   H. close to

9. __A__ lejos de   I. next to

10. __F__ a la derecha de   J. across, facing

13 Piense en tu casa o apartamento y escriba seis oraciones para decir dónde están seis diferentes lugares u objectos.

> **MODELO** <u>El comedor está al lado de la sala.</u>

1. <u>**Answers will vary.**</u>

2. _____

3. _____

4. _____

5. _____

6. _____

Capítulo 3

Lección A

1 Complete el siguiente crucigrama con palabras que aparecen en el *Vocabulario I*.

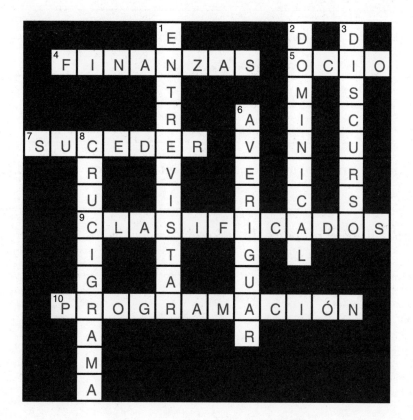

Horizontales

4. sección donde hay noticias de dinero
5. sección donde están los crucigramas
7. sinónimo de *pasar*
9. sección donde hay avisos para vender casas
10. en la __ de televisión están los horarios de los programas

Verticales

1. hacer preguntas a otra persona
2. en el suplemento __ está la sección de ocio
3. lo que un presidente dice al público
6. sinónimo de *enterarse*
8. lo que Ud. está haciendo ahora

2 Conteste las siguientes preguntas con oraciones completas.

1. ¿A quién te gustaría entrevistar?

   Answers will vary. _____

2. ¿Prefieres la sección de finanzas o la de ocio?

   _____

3. ¿Qué parte del periódico lees con más frecuencia?

   _____

4. ¿Cuál es la noticia más importante en estos días?

   _____

5. ¿Qué tipo de noticias vienen en el suplemento dominical del periódico que tú lees?

   _____

6. ¿Cómo se llama el periódico de tu colegio o tu ciudad?

   _____

Repaso rápido: El pretérito

The preterite tense is used to talk about past actions and events. Regular preterite verbs are formed with the patterns found below. Note that *-er* and *-ir* verbs have the same endings.

	escuchar	aprender	vivir
yo	escuché	aprendí	viví
tú	escuchaste	aprendiste	viviste
Ud./él/ella	escuchó	aprendió	vivió
nosotros/nosotras	escuchamos	aprendimos	vivimos
vosotros/vosotras	escuchasteis	aprendisteis	vivisteis
Uds./ellos/ellas	escucharon	aprendieron	vivieron

Verbs that end in *-car*, *-gar* and *-zar* require a spelling change in the preterite tense *yo* form.

tocar → *toqué* *llegar* → *llegué* *comenzar* → *comencé*

3 **Haga oraciones completas en el pretérito, usando las pistas que se dan.**

1. nosotros / leer las noticias nacionales

   Nosotros leímos las noticias nacionales.

2. los bomberos / salvar a seis personas

   Los bomberos salvaron a seis personas.

3. yo / enterarme de las noticias

   Yo me enteré de las noticias.

4. la periodista / entrevistar a los actores

   La periodista entrevistó a los actores.

5. tú / escribir un artículo interesante

   Tú escribiste un artículo interesante.

6. el reportero / investigar el crimen

   El reportero investigó el crimen.

4 Complete las siguientes oraciones, escogiendo el verbo apropiado de la caja y la forma correcta del pretérito.

escuchar	escribir	participar
decidir	sufrir	ver

1. El año pasado Japón __sufrió_____ un temblor.

2. El mes pasado yo __participé_____ en un concurso.

3. Mis amigos __escucharon_____ la noticia en la radio.

4. Mi hermana __escribió_____ una composición para su clase.

5. Ayer nosotros __vimos_____ dos programas de televisión.

6. El juez __decidió_____ mandar al criminal a la cárcel.

Repaso rápido: Verbos irregulares en el pretérito

There are several types of irregular preterite verbs. For example, *-ir* verbs that are stem changing in the present tense have a stem change in the third person singular and plural forms of the preterite tense.

pedir		dormir	
pedí	pedimos	dormí	dormimos
pediste	pedisteis	dormiste	dormisteis
pidió	pidieron	durmió	durmieron

Some other verbs like *pedir* include *conseguir, divertirse, preferir, reírse, repetir, sentirse* and *vestirse*.

Another verb conjugated like *dormir* is *morir*.

Note the spelling of the third person singular and plural forms of *decir* and *traer*: *dijeron, trajeron*.

The following three verbs also are irregular in the preterite:

dar		ir/ser	
dí	dimos	fui	fuimos
diste	disteis	fuiste	fuisteis
dió	dieron	fue	fueron

5 Forme oraciones completas en el pretérito.

1. nosotros / hacer la tarea

   Nosotros hicimos la tarea. _____

2. mis tíos / dormir poco anoche

   Mis tíos durmieron poco anoche. _____

3. yo / ir a mis clases

   Yo fui a mis clases. _____

4. usted / leer el artículo

   Usted leyó el artículo. _____

5. tú / pedir la información

   Tú pediste la información. _____

6. mis amigos y yo / tener un examen

   Mis amigos y yo tuvimos un examen. _____

7. los atletas / preferir jugar por la tarde

   Los atletas prefirieron jugar por la tarde. _____

Repaso rápido: Verbos irregulares en el pretérito II

Remember that verbs that end in *-aer, -eer, -uir,* as well as the verb *oír,* change the *i* to *y* in the third person singular and plural forms. With the exception of verbs ending in *-uir,* these verbs have a written accent on the *i* of all the preterite forms.

leer		contribuir	
leí	leímos	contribuí	contribuimos
leíste	leísteis	contribuiste	contribuisteis
leyó	leyeron	contribuyó	contribuyeron

Other verbs like *leer* (to read) and *contribuir* (to contribute) are *oír* (to listen), *caerse* (to fall down), *destruir* (to destroy) and *construir* (to build).

The following group of verbs has special stems and the same endings in the preterite: *estar (estuve, estuviste, estuvo, estuvimos, estuvisteis, estuvieron), hacer (hice), poder (pude), poner (puse), querer (quise), saber (supe), tener (tuve), venir (vine), traer (traje), decir (dije).*

6 Escriba oraciones lógicas en el pretérito, usando elementos de cada columna.

yo	ir	la comida
tú	leer	el periódico
mi amiga	estar	la siesta
el profesor	ser	estudiantes
mis amigos y yo	dormir	en el parque
mis tíos	divertirse	en la fiesta
mis amigos	pedir	a la tienda

1. __Answers will vary._____

2. _____

3. _____

4. _____

5. _____

6. _____

7. _____

7 Escriba en los espacios las letras de las frases de la columna de la derecha que correspondan lógicamente con las palabras de la columna de la izquierda.

1. __D__ el estreno   A. consiste en muchas preguntas y respuestas

2. __F__ el festival   B. se usa para grabar video

3. __A__ las ruedas de prensa   C. lo que se hace con una grabadora o una cámara

4. __B__ la cámara digital   D. la presentación de una película por primera vez

5. __E__ el ordenador   E. lo mismo que computadora

6. __C__ grabar   F. evento en el cual se presentan muchas películas

8 Conteste las siguientes preguntas con oraciones completas.

1. ¿Hay algún festival de cine donde vives? ¿Cuál?

    Answers will vary. _____

2. ¿Cómo se llama un famoso festival de cine o música? ¿Te gustaría asistir?

    _____

3. ¿Qué necesitas para grabar una entrevista?

    _____

4. ¿Te gustaría trabajar como fotógrafo/a? ¿Por qué?

    _____

5. ¿Te gustan las cámaras digitales? Explica.

    _____

6. ¿Te gusta tomar notas en papel o prefieres usar un ordenador? Explica.

    _____

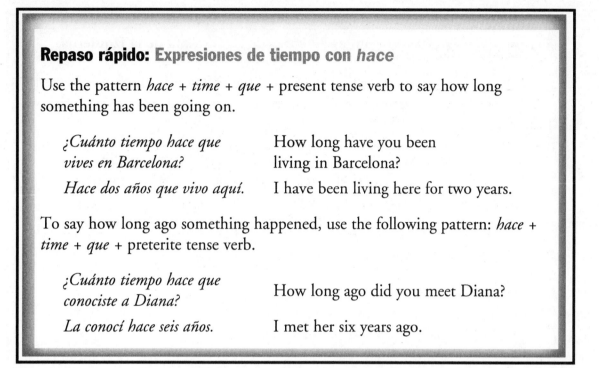

Repaso rápido: Expresiones de tiempo con *hace*

Use the pattern *hace* + *time* + *que* + present tense verb to say how long something has been going on.

¿Cuánto tiempo hace que vives en Barcelona?	How long have you been living in Barcelona?
Hace dos años que vivo aquí.	I have been living here for two years.

To say how long ago something happened, use the following pattern: *hace* + *time* + *que* + preterite tense verb.

¿Cuánto tiempo hace que conociste a Diana?	How long ago did you meet Diana?
La conocí hace seis años.	I met her six years ago.

9 Escriba en los espacios las letras de las oraciones de la columna de la derecha que correspondan lógicamente con las personas de la columna de la izquierda.

1. __B__ Pablo es cantante.   A. Hace muchos años que juega al béisbol.

2. __A__ Alicia es atleta.   B. Hace diez años que empezó a cantar.

3. __F__ Roberto es fotógrafo.   C. Hace una semana que salvó a un paciente.

4. __E__ Diana es periodista.   D. Hace seis años que enseña español.

5. __C__ Claudia es médica.   E. Hace tres días que entrevistó al presidente.

6. __D__ Hugo es profesor.   F. Hace quince años que toma fotos.

Repaso rápido: El imperfecto

You have learned the past actions to discuss the past. The imperfect is formed by following the patterns shown below. Note that *-er* and *-ir* verbs have the same endings.

estudiar		hacer		pedir	
estudiaba	estudiábamos	hacía	hacíamos	pedía	pedíamos
estudiabas	estudiabais	hacías	hacíais	pedías	pedíais
estudiaba	estudiaban	hacía	hacían	pedía	pedían

There are three irregular verbs in the imperfect tense:

ir: iba, ibas, iba, íbamos, íbais, iban
ser: era, eras, era, éramos, erais, eran
ver: veía, veías, veía, veíamos, veías, veían

The imperfect has several uses when talking about the past. For example, it is used to describe ongoing or habitual actions.

Yo estudiaba mientras mi hermana veía la televisión.
Muchas veces salíamos a comer los sábados.

The imperfect also is used to describe situations or events in the past.

Había muchas personas en el festival de cine.

The imperfect also describes states and conditions in the past.

Estaba muy contento y pensaba que no había ningún problema.

10 Cambie las oraciones al imperfecto para comparar la vida actual de Pedro con la vida de su abuelo hace cincuenta años.

> MODELO   Pedro estudia todos los días.
>
> Su abuelo <u>estudiaba todos los días.</u>

1. Pedro vive en un pueblo pequeño.

   Su abuelo **vivía....** _____

2. Pedro escribe mensajes de correo electrónico.

   Su abuelo no **escribía....** _____

3. Pedro practica el básquetbol con sus amigos.

   Su abuelo **practicaba....** _____

4. Pedro lee el periódico en el ordenador.

   Su abuelo no **leía....** _____

5. Pedro tiene dos hermanas.

   Su abuelo **tenía....** _____

6. Pedro es muy trabajador.

   Su abuelo **era....** _____

11 Marque con un círculo cinco expresiones que se usan a menudo con el imperfecto.

una vez   *en ese instante*   (*cada semana*)

(**a veces**)   (*todos los días*)

(*siempre*)   **de repente**   (**a menudo**)

12 Complete el siguiente párrafo, escogiendo entre los verbos de la lista y usando las formas correctas del imperfecto.

ser	divertirse	gustar
tener	jugar	ir

Cuando (1) __tenía__ diez años, me

(2) __gustaban__ mucho los deportes. Casi todos los días

(3) __jugaba__ al béisbol o al tenis con mis amigos. Muchas veces

por la noche nosotros (4) __íbamos__ al estadio para ver los partidos

de béisbol. Mi equipo favorito (5) __era__ muy bueno y mis

amigos y yo (6) __nos divertíamos__ mucho.

13 Escriba seis oraciones originales en el imperfecto para describir su vida a los diez años, usando las pistas que se dan.

MODELO   Muchas veces <u>veía la televisión con mi abuela.</u>

1. A veces __Answers will vary._____ .

2. Cada semana _____ .

3. Siempre _____ .

4. Nunca _____ .

5. Todos los días _____ .

6. En aquella época _____ .

Lección B

1 Encuentre y encierre con una línea ocho palabras referentes a las noticias.

T	O	R	M	E	N	T	A	K	L	V	T
P	M	L	O	R	T	Y	C	X	V	Í	Á
R	F	A	V	B	Í	O	U	Q	E	C	F
S	J	D	Á	C	P	L	S	G	F	T	R
Ó	Á	R	G	Á	M	N	A	C	Y	I	K
W	S	Ó	Q	R	T	Y	D	Ú	L	M	É
C	B	N	Y	C	B	M	O	K	L	A	G
I	N	O	C	E	N	T	E	O	K	N	D
C	N	Y	T	L	R	R	X	M	O	T	Z
D	J	K	L	Z	M	J	U	R	A	D	O
D	F	E	X	P	L	O	S	I	Ó	N	W

2 ¿Cuáles de las siguientes noticias han sucedido recientemente donde Ud. vive? Márquelas con una X. Luego, escriba tres oraciones para describir lo que sucedió en una de las noticias.

una bomba _____   una protesta _____

un juicio _____   una celebración _____

una tormenta _____   un huracán _____

un asalto _____   un temblor _____

Answers will vary.

_____

_____

_____

_____

Repaso rápido: Contraste entre el pretérito y el imperfecto

The preterite and the imperfect tenses are both used to discuss the past. Here is a summary of the differences between the two tenses:

The preterite is used to talk about isolated past actions that took place at a specific point in time.

> *El año pasado visité España con mi familia.*   Last year I visited Spain with my family.

The preterite often indicates an action that interrupted an ongoing situation in the past. Thus, it is common to use both the imperfect and the preterite tenses in a sentence.

> *Yo estudiaba cuando tú me llamaste.*   I was studying when you called me.

Use the imperfect to talk about habitual past actions, moods and feelings, and background information.

> *Cuando estaba en la escuela primaria, me encantaba la clase de música.*   When I was in grade school, I loved music class.

3 **Complete las siguientes oraciones con el imperfecto o el pretérito del verbo entre paréntesis, según corresponda.**

1. El verano pasado Luisa __compró__ un coche usado. (comprar)

2. El coche __era__ grande y bonito.

   __Costó__ $2000. (ser, costar)

3. Para poder comprar el coche Luisa __trabajaba__ todos los días en

   una tienda. (trabajar)

4. Normalmente le __gustaba__ el trabajo pero un día

   __tuvo__ un problema porque __perdió__

   las llaves de la tienda. (gustar, tener, perder)

5. Después de buscar mucho, ella las __encontró__ en su casa. (encontrar)

4 Complete el siguiente párrafo con el pretérito o el imperfecto de los verbos entre paréntesis, según corresponda.

(1. *ser*) __Eran_____ las dos de la tarde en mi ciudad.

(2. *ir*) __Iba_____ a mi casa cuando

(3. *ver*) __vi_____ a dos personas con un mapa. Ellos me

(4. *decir*) __dijeron_____ que (5. *querer*) __querían_____

ir al museo de arte. Yo (6. *mirar*) __miré_____ el mapa y les

(7. *explicar*) __expliqué_____ cómo llegar. Los turistas

(8. *estar*) __estaban_____ contentos y me

(9. *dar*) __dieron_____ las gracias. Entonces me

(10. *despedir*) __despedí_____ para seguir a casa y comer.

Repaso rápido: Cambios de significado en el pretérito y el imperfecto

Several verbs change in meaning depending on whether they are used in the preterite or the imperfect tense.

	imperfecto	pretérito
conocer	La conocía. *I knew her.*	La conocí. *I met her.*
poder	Podía esquiar bien. *I was able to ski well.*	Pude esquiar un poco. *I managed to ski a little.*
querer	Quería ir. *I wanted to go.*	Quise llegar a tiempo. *I tried to arrive on time.*
no querer	No querían ir. *They didn't want to go.*	No quisieron ayudar. *They refused to help.*
saber	Ella sabía hablar Catalán. *She knew how to speak Catalan.*	Ella supo la noticia. *She found out the news.*

5 Complete las siguientes oraciones con el imperfecto o el pretérito del verbo entre paréntesis, según corresponda.

1. Mi padre **conoció** a mi madre hace veinte años. (conocer)

2. Mis padres **conocían** a muchas personas en Madrid y por eso iban a la capital con frecuencia. (conocer)

3. Alfredo no **quería** ir al partido pero sus amigos lo convencieron. (querer)

4. Teresa era buena estudiante. Siempre **sabía** las respuestas. (saber)

5. Ayer Carlos **supo** que su hermana se va a casar. (saber)

6. María no es buena atleta pero ayer **pudo** ganar la competencia. (poder)

7. Nosotros **podíamos** ir al concierto pero decidimos quedarnos en casa. (poder)

6 **Ponga las siguientes oraciones en el orden correcto para resumir los eventos del**
Vocabulario II.

1. __B__   A. La periodista reportó que no hubo heridos graves.

2. __E__   B. Había muy poca visibilidad.

3. __F__   C. La señora se desmayó.

4. __D__   D. Los paramédicos llegaron.

5. __C__   E. Un coche chocó con una camioneta.

6. __A__   F. Un señor rescató a su esposa.

7 **Escriba oraciones lógicas, usando las palabras indicadas.**

1. el paramédico / los primeros auxilios

    Answers will vary. _____

2. la visibilidad / el accidente

    _____

3. el conductor / herido

    _____

4. el señor / desmayarse

    _____

5. ¡Socorro! / los heridos

    _____

> **Repaso rápido:** El pretérito pluscuamperfecto
>
> The pluperfect (past perfect) consists of the imperfect form of the verb *haber* followed by a past participle.
>
> | | |
> |---|---|
> | había estudiado | habíamos estudiado |
> | habías estudiado | habíais estudiado |
> | había estudiado | habían estudiado |
>
> The past perfect is used to talk about the earlier of two past actions.
>
> *Ya había hecho planes cuando me invitaron a la fiesta.*   I already had made plans when they invited me to the party.

8 Recientemente Ud. y otras personas hicieron las actividades indicadas. Escríbalas en el pretérito pluscuamperfecto para decir que ya las habían hecho antes.

MODELO   Fui a un concierto de mi grupo favorito.

Ya había ido a un concierto de mi grupo favorito.

1. Yo preparé una sorpresa para mi familia.

   Yo ya había preparado una sorpresa para mi familia.

2. Mi amiga y sus padres viajaron a España.

   Mi amiga y sus padres ya habían viajado a España.

3. Mi profesor(a) corrigió mi composición.

   Mi profesor(a) ya había corregido mi composición.

4. Los policías investigaron el crimen.

   Los policías ya habían investigado el crimen.

5. Mi hermana y yo fuimos testigos de un accidente.

   Mi hermana y yo ya habíamos sido testigos de un accidente.

6. Mi equipo favorito ganó el campeonato.

   Mi equipo favorito ya había ganado el campeonato.

9 Termine las siguientes oraciones con la forma apropiada de los verbos entre paréntesis para decir lo que ya había pasado.

> **MODELO** Iba a hablar con mi amiga pero ella ya <u>había salido</u>. (salir)

1. Iba a comprar el regalo pero otra persona ya lo <u>había comprado</u>. (comprar)

2. Pensaba ir al cine pero la película ya <u>había empezado</u>. (empezar)

3. Yo quería visitar a mis abuelos pero ellos ya <u>se habían dormido</u>. (dormirse)

4. Esperaba verte pero tú ya <u>habías hecho</u> planes. (hacer)

5. Quería ayudarle con la composición pero Ud. ya la <u>había escrito</u>. (escribir)

6. Paco nos invitó al teatro pero nosotros ya <u>habíamos visto</u> la obra. (ver)

10 Escriba seis oraciones originales para decir cosas que Ud. y sus parientes ya habían hecho el año pasado.

> **MODELO** <u>Ya había estudiado español.</u>

1. <u>Answers will vary.</u>

2. _____

3. _____

4. _____

5. _____

6. _____

Repaso rápido: Los pronombres relativos

A relative pronoun serves to connect two parts of a sentence. In the following examples the word *que* (that, which, who, whom) serves to combine the two shorter sentences. Note that the pronoun *que* can refer back to both people and things.

Tengo un amigo español. *Él vive en Valencia.*	→	*Tengo un amigo español que vive en Valencia.*
Mi amigo tiene una casa. *La casa está en la playa.*	→	*Mi amigo tiene una casa que está en la playa.*

At times prepositions (*a, para, con,* etc.) are used in sentences with relative pronouns. In such cases, use the preposition with *que* to refer to things. Use the preposition with *quien* (who, whom, whoever, whomever) to refer to one person and *quienes* to refer to two or more people.

Visitamos el museo en (el) que tienen cuadros de Picasso.	We visited the museum where they have paintings by Picasso.
Rosa es la amiga con quien más hablo.	Rosa is the friend with whom I speak the most.
Ellos son los amigos con quienes fuimos al concierto.	They are the friends with whom we went to the concert.

The relative pronoun *que* can also be combined with the neuter article *lo*.

No estaba contento con lo que me dijeron.	I wasn't happy with what they told me.

The relative pronouns *cuyo/a/os/as* are the equivalent of the English word "whose" and agree in gender and number with the word that follows.

La profesora cuyas clases son tan populares se llama Martina.	The teacher whose classes are so popular is named Martina.
El estudiante cuyo examen es bueno estudió mucho.	The student whose exam is good studied a lot.

11 **Complete las siguientes oraciones con el pronombre relativo apropiado.**

1. Los turistas __que__ visitaron San Sebastián dicen que es muy bonita.

2. La guía, __cuyo__ nombre es Rosalba, hace un trabajo excelente.

3. Los jóvenes con __quienes__ los turistas hablaron eran muy simpáticos.

4. La playa en __la que__ tomaron el sol es muy famosa.

5. El policía a __quien__ pidieron ayuda les dio mucha información.

6. Los estudiantes, __cuyas__ vacaciones terminaron ayer, volvieron a sus

   casas muy felices.

Capítulo  4

Lección A

1 Complete el siguiente crucigrama con base en los diálogos del *Vocabulario I*.

Horizontales

2. La chica no se da __ que su novio la quiere mucho.
5. El muchacho es muy __ por encontrar la billetera.
6. María es muy chismosa porque __ con todo el mundo.
7. La chica no __ en chicos que le hacen cumplidos.

Verticales

1. La chica no puede __ a María porque le contó un secreto y ella se lo contó a todos.
2. La chica es muy __. Tiene celos de Laura.
3. María es __ porque le gusta enterarse de todo.
4. Elena es considerada y por eso __ a Marcos.

2 **Conteste las siguientes preguntas con oraciones completas.**

1. ¿Con quién te gustaría reconciliarte?

   Answers will vary. _____

2. ¿Qué haces para reconciliarte con alguien?

   _____

3. ¿Te gusta hacer cumplidos? ¿Por qué?

   _____

4. ¿A quién le cuentas tus secretos?

   _____

5. ¿Quién es tu profesor(a) más considerado/a?

   _____

6. ¿Qué tienes en común con tu mejor amigo/a?

   _____

3 **Escriba oraciones completas para hablar de diferentes personas, usando los adjetivos indicados. Siga el modelo.**

   MODELO increíble   Mi profesora de historia es increíble porque sabe mucho.

1. chismoso/a   **Answers will vary.** _____

2. honesto/a   _____

3. entrometido/a   _____

4. celoso/a   _____

5. considerado/a   _____

Repaso rápido: Los pronombres

Pronouns replace nouns to avoid repetition. For example, what pronoun replaces the word *película* below?

> *Jorge dice que la película es excelente. La quiero ver este fin de semana.*

Pronouns refer to people or things. Direct object pronouns answer the questions "what" or "whom." The direct object pronouns are *me, te lo, la, nos, os, los* and *las.*

> *Conozco bien a Manuel.* **Lo** *conocí en el colegio.*
> *Voy a comprar los libros.* **Los** *quiero regalar a mis hermanos.*

Indirect object pronouns answer the question "to whom" or "for whom." They include *me, te, le, nos, os* and *les.*

> **Me** *gustan los chocolates y a mi tía también* **le** *gustan. Creo que* **le** *voy a dar chocolates para su cumpleaños.*

---

4 **Vuelva a escribir las siguientes oraciones, usando un pronombre.**

MODELO   Teresa no cuenta los secretos.
<u>Teresa no los cuenta.</u>

1. Escribimos las composiciones.

   Las escribimos.

2. Escucho a mi abuela.

   La escucho.

3. Pienso comprar el regalo.

   Lo pienso comprar./Pienso comprarlo.

4. Conocí a Teresa y Javier en una fiesta.

   Los conocí en una fiesta.

5. Tengo que limpiar la casa.

   La tengo que limpiar./Tengo que limpiarla.

Repaso rápido: Los complementos directos e indirectos en una misma oración

It is possible to have both an indirect object pronoun and a direct object pronoun in a sentence. In such cases the indirect object pronoun comes first.

Luisa te mandó un mensaje. → *Luisa **te lo** mandó.*

Note that the indirect object pronouns *le* and *les* must change to *se* when followed by *lo, la, los* or *las*.

Luisa también le mandó el mensaje a Diana. → *Luisa también **se lo** mandó.*

With *le, les* or *se* it is common to provide additional information (*a* + name) in order to identify specific individuals.

***Le** voy a pedir ayuda **a Juan**. También **se la** pido **a mis hermanos**.*

Remember that object pronouns can precede conjugated verbs. They may follow infinitives and present participles and they must follow positive commands.

5 Vuelva a escribir las siguientes oraciones, usando dos pronombres.

MODELO   Le pido la cuenta al camarero.
Se la pido.

1. Les digo la verdad a mis amigos.

   Se la digo.

2. Le compramos el regalo a Luis.

   Se lo compramos.

3. Mis amigos me mandaron un mensaje.

   Mis amigos me lo mandaron.

4. Nuestros padres nos dan sus opiniones.

   Nuestros padres nos las dan.

5. Siempre te presto dinero.

   Siempre te lo presto.

6 Conteste las siguientes preguntas con oraciones completas, usando dos pronombres.

1. ¿Quién te da regalos de cumpleaños?

    Answers will vary. _____

2. ¿Quién les da a Uds. mucha tarea?

    _____

3. ¿A quién le mandas mensajes?

    _____

4. ¿A quién le dan Uds. sus composiciones?

    _____

5. ¿Quién le da ayuda a Ud.?

    _____

7 Ponga las letras en el orden correcto para escribir bien las palabras.

1. rmtaidi   **admitir** _____

2. reosndicfa   **desconfiar** _____

3. pooepnsr   **posponer** _____

4. labftaa   **faltaba** _____

5. roallr   **llorar** _____

6. oarr   **raro** _____

8 **Conteste las siguientes preguntas con oraciones completas.**

1. ¿Eres una persona comprensiva? Explica.

   Answers will vary. _____

   _____

2. ¿Por qué tipo de cosas pierdes la paciencia? Explica.

   _____

   _____

3. ¿Te ha dejado alguien plantado/a? ¿Cuándo? ¿Qué pasó?

   _____

   _____

4. ¿Por qué tipo de cosas lloras? ¿Cuándo lloraste la última vez?

   _____

   _____

5. ¿Te han acusado de tener la culpa de algo que no has hecho? ¿Cuándo? ¿Qué pasó?

   _____

   _____

6. ¿Devuelves las cosas que te prestan? ¿Tienes algo que te han prestado y no has devuelto?

   _____

   _____

Repaso rápido: El participio pasado y el pretérito perfecto

The present perfect tense is used to say what you have done or what has happened. It is formed by combining a conjugated form of the verb *haber* with the present participle in its masculine singular form.

he	hemos		viajado
has	habéis	+	conocido
ha	han		vivido

*Luis **ha vivido** en tres ciudades.*
***Hemos estudiado** mucho para el examen.*

Note that direct object, indirect object and reflexive pronouns are placed before the verb *haber*.

***Me** he levantado a las siete.*
*Nuestra abuela **nos** ha escrito una carta.*

---

9 Escriba oraciones completas con las pistas que se dan para decir lo que diferentes personas han hecho recientemente.

MODELO   Ana / jugar al tenis
Ana ha jugado al tenis.

1. Clara / nadar mucho

   Clara ha nadado mucho. _____

2. Ana y Alejandro / hacer la tarea

   Ana y Alejandro han hecho la tarea. _____

3. Pablo / almorzar con Ana

   Pablo ha almorzado con Ana. _____

4. yo / ver una película

   Yo he visto una película. _____

5. mis amigos y yo / ir en bicicleta

   Mis amigos y yo hemos ido en bicicleta. _____

6. tú / escribir una composición

   Tú has escrito una composición. _____

Repaso rápido: La posición del adjetivo y su significado

Certain adjectives change in meaning depending on whether they precede or follow a noun. Note the following examples:

La ciudad es muy antigua.	The city is very old.
Mi antiguo vecino nos visitó.	My old neighbor visited us. (former)
El Patio es un restaurante diferente.	El Patio is a different restaurant.
Hay diferentes restaurantes.	There are various restaurants.
Susana es una buena doctora.	Susana is a good doctor. (talented)
Susana es una doctora buena.	Susana is a kind doctor.
California es un estado grande.	California is a large state.
San Francisco es una gran ciudad.	San Francisco is a great city.
La computadora es nueva.	The computer is new. (brand new)
Necesito una nueva impresora.	I need a new printer. (another one)
Viven en una ciudad pobre.	They live in a poor city. (in poverty)
¡Pobre José! Tiene mala suerte.	Poor José! He has bad luck. (unfortunate)
Compraron una casa vieja.	They bought an old house.
Son viejos amigos.	They are old friends. (longtime)
El tenis es el único deporte que juega.	Tennis is the only game she plays.
Es una jugadora única.	She is a unique player.

10 Decida si el adjetivo entre paréntesis debe ir antes o después del nombre.

1. Mi abuelo tiene cien años. Es un _____ hombre <u>viejo</u> _____. (viejo)

2. Me encanta la ciudad porque ofrece muchos deportes y eventos culturales. En mi opinión

   es una <u>gran</u> _____ ciudad _____. (gran)

3. Jairo y sus hermanos nunca tienen dinero. Creo que vienen de una _____

   familia <u>pobre</u> _____. (pobre)

4. Hoy el <u>único</u> _____ examen _____ que tengo es biología. (único)

5. Esta olla está sucia. Necesito una <u>nueva</u> _____ olla _____. (nueva)

6. En el Perú hay _____ ruinas <u>antiguas</u> _____ de los incas. (antiguas)

11 Escriba un ejemplo por cada una de las siguientes descripciones, usando una oración completa. Siga el modelo.

> **MODELO**   un estado grande
>
>   <u>Texas es un estado grande.</u>

1. un(a) gran atleta

   Answers will vary. _____

2. un(a) buen(a) profesor(a)

   _____

3. una película única

   _____

4. un(a) artista diferente

   _____

5. un(a) viejo/a amigo/a

   _____

6. una ciudad antigua

   _____

Lección B

1 **Conteste las siguientes preguntas con oraciones completas.**

1. ¿Mantienes buenas relaciones con tu familia? Explica.

   Answers will vary.

   _____

2. ¿A quién le haces caso en tu casa?

   _____

3. ¿Tienes la obligación de avisarle a alguien en tu casa cada vez que sales? ¿A quién?

   _____

4. ¿Cuándo fue la última vez que estabas equivocado/a? ¿Por qué estabas equivocado/a?

   _____

   _____

5. ¿Qué haces para hacer las paces cuando tienes un conflicto con alguien de tu familia?

   _____

6. ¿Crees que es bueno o malo criticar? Explica.

   _____

   _____

7. ¿Cómo reaccionas cuando alguien te critica? ¿Levantas la voz?

   _____

8. ¿En que tipo de cosas tienes diferencia de opinión con tus padres? Explica.

   _____

   _____

Repaso rápido: Los mandatos negativos informales

You can use negative informal *(tú)* commands to tell someone not to do something. Such commands usually are formed by removing the *-o* from the present tense *yo* form of a verb and adding the endings shown below.

cant**ar**   canto   No cant**es** con la radio.

As shown in the command *no pidas*, stem-changing verbs and verbs with irregular *yo* forms also show such changes in the negative command.

You should also note that certain verbs require spelling changes to preserve the consonant sound of the infinitive.

bus**car**	busco	No bus**ques** más.
comen**zar**	comienzo	No comien**ces** a trabajar.
esco**ger**	escojo	No esco**jas** ese libro.
lle**gar**	llego	No lle**gues** tarde.

2 Imagine que Ud. es un(a) hermano/a mayor muy estricto/a. ¿Qué mandatos negativos le da a su hermano de siete años? Siga el modelo.

MODELO tocar mis cosas
           No toques mis cosas.

1. jugar en la sala

   No juegues en la sala.

2. llamar por teléfono ahora

   No llames por teléfono ahora.

3. escribir en mis cuadernos

   No escribas en mis cuadernos.

4. comer en la biblioteca

   No comas en la biblioteca.

3 Imagine que Ud. y su hermana tienen ideas muy diferentes sobre los consejos que le dan a un amigo. Cambie los mandatos afirmativos de su hermana a mandatos negativos.

MODELO Llama por teléfono.

No llames por teléfono.

1. Estudia el viernes por la noche.

   No estudies el viernes por la noche.

2. Compra la ropa en aquella tienda.

   No compres la ropa en aquella tienda.

3. Asiste al concierto el sábado.

   No asistas al concierto el sábado.

4. Come en ese restaurante.

   No comas en ese restaurante.

5. Pide ayuda a tu primo.

   No pidas ayuda a tu primo.

6. Juega al fútbol con ellos.

   No juegues al fútbol con ellos.

Repaso rápido: Los mandatos irregulares *(tú)*

Several verbs have irregular negative *tú* commands:

dar	→	**No** me **des** más información ahora. Dámela mañana.
estar	→	**No estés** nervioso. Estate tranquilo.
ir	→	**No vayas** al supermercado ahora. Compra todo mañana.
ser	→	**No seas** antipático. Es mejor tener buenas relaciones.

The examples with the verb *dar* show that object and reflexive pronouns are placed before negative commands and after affirmative commands. Here is an additional example:

No me lo digas.   Don't tell it to me.
Díselo a otra persona.   Tell it to another person.

4 **Forme mandatos negativos informales para dar consejos a un amigo que va a aprender a manejar.**

1. no manejar rápidamente

   No manejes rápidamente.

2. no ser agresivo

   No seas agresivo.

3. no estar nervioso

   No estés nervioso.

4. no ir solo

   No vayas solo.

5. no tener prisa

   No tengas prisa.

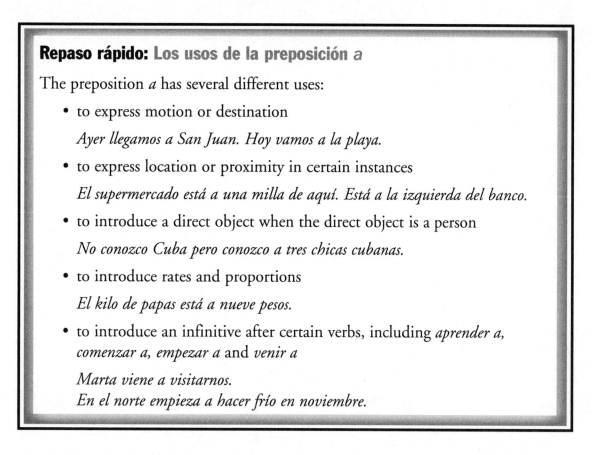

Repaso rápido: Los usos de la preposición *a*

The preposition *a* has several different uses:

- to express motion or destination

  Ayer llegamos a San Juan. Hoy vamos a la playa.

- to express location or proximity in certain instances

  El supermercado está a una milla de aquí. Está a la izquierda del banco.

- to introduce a direct object when the direct object is a person

  No conozco Cuba pero conozco a tres chicas cubanas.

- to introduce rates and proportions

  El kilo de papas está a nueve pesos.

- to introduce an infinitive after certain verbs, including *aprender a, comenzar a, empezar a* and *venir a*

  Marta viene a visitarnos.
  En el norte empieza a hacer frío en noviembre.

5 **Complete los siguientes diálogos con la preposición *a* sólo cuando sea necesario.**

1. A: ¿Vas **a** la tienda esta tarde?

   B. Sí. Quiero _____ comprar un regalo y ver **a** mis amigos.

2. A: ¿ **A** cuánto están las naranjas hoy?

   B: La oferta es tres por un dólar. ¿Cuántas va **a** llevar?

3. A: ¿Te gustaría conocer _____ México?

   B: Sí. Conozco **a** varias personas en Guadalajara y espero visitar _____ Puerto Vallarta también.

4. A: ¿Dónde está el museo de arte?

   B: Está **a** cinco cuadras de aquí. Puede _____ ir en autobús o si prefiere caminar va **a** llegar en quince minutos.

5. A: ¿Cuándo aprendiste **a** tocar la guitarra?

   B: Empecé **a** tomar clases hace tres años. Me gustaría _____ ser músico profesional.

Nombre: _____ Fecha: _____

6 Encuentre y encierre con una línea ocho palabras referentes al teléfono.

```
A Q S E R H N Í S L D A X W G
Z X C V B O N M L J H C G F D
O M I U Y T P R E W Q Ó A S S
B A T E R Í A E P A S D D F O
X R C V B N M L R K J I H G N
Z C Q W É R T Y U A I G O P A
F A V C D E W S X Z D O A Q R
R R T G B Y H N M U J O M I K
Ó L P Q A Z W S E X E D R C R
R F V E T G B Y N H N U J A M
Í K N O L P Á S S D F G H J K
L Í Q W E R T Y A U I O P L K
L J H G F D S A J M N B V C X
Z P O I Ú Y T R E É W Q Á S D
F G R E C E P C I Ó N H J K L
```

7 Escriba en los espacios las letras de las frases de la columna de la derecha que correspondan lógicamente con las palabras de la columna de la izquierda.

1. __D__ el contestador automático
2. __A__ el teléfono inalámbrico
3. __G__ la llamada de cobro revertido
4. __B__ colgar
5. __C__ el teléfono celular
6. __E__ la llamada de larga distancia
7. __F__ el número equivocado

A. un teléfono que no tiene cable *(cord)*
B. una acción al terminar una llamada
C. un teléfono que llevo conmigo
D. una máquina para recibir recados
E. cuando marco un número de otro estado
F. un error telefónico
G. cuando se acepta el cargo de una llamada hecha por otra persona

Repaso rápido: El imperfecto progresivo

The imperfect progressive tense is used to convey actions that lasted for an extended time in the past or that were going on at a given time. It is formed by combining the imperfect of the verb *estar* with the present participle of the verb.

estaba	estudiando
estabas	
estaba	aprendiendo
estábamos	
estabais	escribiendo
estaban	

Mi hermana estaba viviendo en Quito.	My sister was living in Quito.
Estábamos visitando España.	We were visiting Spain.

The imperfect progressive is frequently used in sentences in which a past event interrupts an ongoing action. Use the imperfect progressive to present the ongoing action.

Estaba trabajando cuando mis padres llamaron.	I was working when my parents called.

Note that indirect or direct object pronouns or reflexive pronouns may be placed before the verb *estar* or after the present participle. Remember that sometimes you will have to write written accent marks when attaching pronouns to present participles.

*Javier **nos** estaba llamando.*   →   *Javier estaba llamándo**nos**.*

8 Paco llegó a su casa a las dos de la tarde ayer. Escriba frases originales para decir lo que diferentes personas estaban haciendo en ese momento.

1. yo / estudiar en el colegio

    Yo estaba estudiando en el colegio.

2. nosotros / hacer la tarea

    Nosotros estábamos haciendo la tarea.

3. su madre / trabajar en un banco

    Su madre estaba trabajando en un banco.

4. su padre / dejar un recado

    Su padre estaba dejando un recado.

5. sus hermanos / correr en el parque

    Sus hermanos estaban corriendo en el parque.

9 ¿Qué estaba haciendo Ud. la última vez que estuvo en los siguientes lugares? Escriba una acción lógica para cada lugar.

MODELO   la cabina telefónica

Estaba hablando por teléfono.

1. el cine **Possible answers include the following:**

    Estaba viendo una película.

2. la biblioteca

    Estaba estudiando/leyendo.

3. mi restaurante favorito

    Estaba comiendo mi comida favorita.

4. el aeropuerto

    Estaba viajando.

5. la piscina

    Estaba nadando.

10 Piense en lo que las siguientes personas estaban haciendo ayer a las siete de la noche. Escriba seis oraciones originales.

 mi padre

Mi padre estaba sirviendo la cena.

1. mi mejor amigo/a

   Answers will vary. _____

2. mi profesor(a) de español

   _____

3. mis tíos

   _____

4. yo

   _____

5. el presidente de los EE.UU.

   _____

6. tres compañeros de clase

   _____

Capítulo 5

Lección A

1 Complete el siguiente crucigrama con palabras que aparecen en el *Vocabulario I*.

Horizontales

3. un sinónimo de *manejar*
4. el ___ se usa para ver los coches detrás de uno
6. ir más lentamente
7. tiene tres colores y controla el tráfico
8. ir más rápidamente

Verticales

1. un lugar para estacionar coches
2. un documento oficial para poder manejar
3. personas que conducen
5. se pisa con el pie para parar

2 **Conteste las siguientes preguntas con oraciones completas.**

1. ¿Qué información se encuentra en una licencia de conducir?

   Answers will vary. _____

2. ¿Quién de tu familia es un(a) conductor(a) bueno/a?

   _____

3. ¿Eres una persona con mucha o poca paciencia?

   _____

4. ¿Cuál es la velocidad máxima cerca de tu colegio?

   _____

5. ¿Cuál es la velocidad máxima en las carreteras de tu estado?

   _____

6. ¿Hay glorietas donde vives? ¿Dónde?

   _____

Repaso rápido: El mandato formal

You can use a formal command to tell a person you address as *usted* what to do. Form the positive and negative formal command by removing the final *-o* from the *yo* form of the present tense. Then add the letter *-e* for *-ar* verbs and the letter *-a* for *-er* and *-ir* verbs. Follow the same pattern for plural *ustedes* commands and then add *n* to the *usted* form.

No olvide llevar su licencia de conducir.
Conduzca con cuidado.
Tenga paciencia.

The following five verbs are examples of common irregular formal commands:

dar	→	dé		saber	→	sepa
estar	→	esté		ser		sea
ir	→	vaya				

Note that object and reflexive pronouns precede negative formal commands and are attached to affirmative formal commands.

No me mire si está conduciendo.
Siéntese en el coche.

3 **Escriba en los espacios la letra de los mandatos de la columna de la derecha que correspondan lógicamente con las situaciones de la columna de la izquierda.**

1. __E__ El coche no funciona bien.   A. Acelere un poco.

2. __D__ La velocidad máxima es 30 no 40.   B. Estacione allí.

3. __B__ Allí hay un espacio vacío.   C. Ponga marcha atrás.

4. __A__ El semáforo está en verde.   D. Disminuya la velocidad.

5. __F__ Susana entra en el coche.   E. Hable con un mecánico.

6. __C__ Susana va a sacar el coche del garaje. F. Abróchese el cinturón de seguridad.

4 Dos amigos suyos están aprendiendo a conducir. Escriba mandatos en la forma de *ustedes* para darles consejos lógicos.

1. tener paciencia

   Tengan paciencia. _____

2. abrocharse el cinturón de seguridad

   Abróchense el cinturón de seguridad. _____

3. usar el espejo retrovisor

   Usen el espejo retrovisor. _____

4. ser responsables

   Sean responsables. _____

5. conducir con cuidado

   Conduzcan con cuidado. _____

6. mirar las señales

   Miren las señales. _____

7. no acelerar mucho

   No aceleren mucho. _____

Repaso rápido: El mandato con *nosotros*

Use the formal *nosotros* command to suggest that you and others do something together. The *nosotros* command is formed by adding *-mos* to the *usted* command form and is equivalent to *Vamos a...* (Let's ...).

> *Paremos en la gasolinera.*   Let's stop at the gas station.

Object and reflexive pronouns precede negative *nosotros* commands and follow affirmative *nosotros* commands.

> *No lo compremos.*   Let's not buy it.
> *Comprémoslo.*   Let's buy it.

Reflexive verbs with the pronoun *nos* attached to the affirmative *nosotros* command drop the final consonant *s* before adding *nos*.

> *Preparémonos para la fiesta.*   Let's get ready for the party.

5 **Ud. y su amigo quieren recibir mejores notas en el colegio. Escriba mandatos con *nosotros* para decir sus planes de estudio.**

1. levantarse temprano

   Levantémonos temprano. _____

2. hacer la tarea

   Hagamos la tarea. _____

3. prepararse para los exámenes

   Preparémonos para los exámenes. _____

4. no acostarse tarde

   No nos acostemos tarde. _____

5. leer más

   Leamos más. _____

6. no ver la televisión

   No veamos la televisión. _____

6 Imagine que Ud. y dos amigos suyos van a hacer un viaje en coche. Escriba cinco mandatos lógicos para decir lo que deben hacer antes del viaje, usando la forma de *nosotros*.

1. Answers will vary. _____

2. _____

3. _____

4. _____

5. _____

7 Encuentre y encierre con una línea diez palabras referentes a la ciudad.

A	Q	S	E	S	T	A	C	I	Ó	N	A	X	G	G
Z	X	C	V	B	J	N	A	L	J	H	H	A	F	D
A	F	U	E	R	A	S	R	E	W	Q	S	A	S	Z
P	W	E	R	T	Y	U	B	P	A	O	D	D	F	A
X	E	C	V	B	N	M	L	R	L	J	S	K	G	Q
C	J	A	W	É	R	T	Y	I	X	I	W	I	P	W
A	M	V	T	D	E	W	N	X	B	D	E	O	Q	S
L	I	T	G	Ó	Y	A	U	T	O	P	I	S	T	A
L	L	P	Q	A	N	W	S	G	C	E	D	C	C	R
E	F	V	E	T	G	B	Y	B	A	N	U	O	A	M
J	K	Z	O	L	P	Á	S	E	C	F	G	H	Ú	K
Ó	M	Q	W	E	R	T	Y	D	A	I	O	Q	L	K
N	J	A	T	A	S	C	O	Y	L	N	E	V	C	X
B	P	O	I	Ú	Y	T	R	W	L	T	Q	Á	S	D
F	G	P	A	R	Q	U	Í	M	E	T	R	O	K	L

> **Repaso rápido:** *Pedir y preguntar*
>
> The verbs *pedir* and *preguntar* both mean "to ask" but they have separate uses in Spanish and are not interchangeable. *Preguntar* means "to ask a question or to ask for information." *Pedir* means "to ask for something or request something." It also means "to order" in a restaurant.
>
> | | |
> |---|---|
> | *Voy a preguntarle a él cuántos años tiene.* | I am going to ask him how old he is. |
> | *Luis pidió ayuda a su maestra.* | Luis asked his teacher for help. |

8 Complete las siguientes oraciones con la forma correcta del presente de *pedir* o *preguntar*.

1. Los profesores __preguntan__ si yo hago la tarea.

2. Javier __pide__ un refresco en la cafetería.

3. Nosotros __pedimos__ un mapa en el centro de información.

4. Pilar quiere saber todo. Siempre __pregunta__ muchas cosas.

5. Yo me __pregunto__ cuándo es el próximo examen.

6. Susana y Carolina __piden__ que vayamos con ellas.

9 Complete las siguientes oraciones en forma lógica.

1. Yo pregunto __Answers will vary.__ .

2. Le pido _____ .

3. Clara pregunta _____ .

4. Tú pides _____ .

5. Ellos preguntan _____ .

6. Nosotros pedimos _____ .

Repaso rápido: El subjuntivo de verbos regulares

You already have studied the subjunctive mood in Spanish. It is used, for example, in relation to emotion, doubt, influence and uncertainty. Most statements that use the subjunctive have the following pattern:

subject + verb + *que* + different subject + verb in the subjunctive mood

Yo espero que conduzcas con paciencia.   I hope you drive patiently.
Los profesores piden que estudiemos.   The teachers ask that we study.

The present subjunctive is formed like formal commands. That is, remove the -*o* from the *yo* form of the present indicative and then add -*e* endings to -*ar* verbs and -*a* endings to -*er* and -*ir* verbs.

hablar	aprender	vivir
hable	aprenda	viva
hables	aprendas	vivas
hable	aprenda	viva
hablemos	aprendamos	vivamos
habléis	aprendáis	viváis
hablen	aprendan	vivan

10 Forme oraciones completas con la información indicada.

MODELO   yo / esperar / tú / estudiar
          Yo espero que tu estudies.

1. mi familia / querer / yo / llegar a tiempo

   Mi familia quiere que yo llegue a tiempo.

2. mis amigos / insistir en / Teresa / asistir al partido

   Mis amigos insisten en que Teresa asista al partido.

3. tú / preferir / tus amigos / manejar

   Tú prefieres que tus amigos manejen.

4. yo / recomendar / Uds. / ver la película

   Yo recomiendo que Uds. vean la película.

5. nosotros / sugerir / tú / practicar más

   Nosotros sugerimos que tú practiques más.

Lección B

1 Complete el siguiente crucigrama con palabras referentes a los trenes.

Horizontales

4. una sección del tren
5. la persona que recoge los boletos en el tren
6. el coche __ es el lugar donde como en el tren

Verticales

1. el coche __ es el lugar donde duermo en el tren
2. cuando tengo que cambiar de un tren a otro
3. el lugar donde subo al tren
4. hombre que viaja en tren

2 Identifique la palabra que no pertenece al grupo.

1. tren local   (montañas)   tren rápido   estación del tren

2. (río)   andén   vagón   coche cama

3. inspector   viajera   (tenista)   inspectora

4. tren   autobús   avión   (casa)

5. coche comedor   (biblioteca)   coche cama   vagón

6. asiento   ventanilla   vagón   (glorieta)

Repaso rápido: Verbos irregulares en el subjuntivo

The following verbs have irregular forms in the present subjunctive.

dar	estar	haber	ir	saber	ser
dé	esté	haya	vaya	sepa	sea
des	estés	hayas	vayas	sepas	seas
dé	esté	haya	vaya	sepa	sea
demos	estemos	hayamos	vayamos	sepamos	seamos
deis	estéis	hayáis	vayáis	sepáis	seáis
den	estén	hayan	vayan	sepan	sean

3 Escriba las formas correctas del presente de subjuntivo de los siguientes verbos según el sujeto.

1. nosotros / ser   **seamos**

2. yo / estar   **esté**

3. Uds. / ir   **vayan**

4. tú / saber   **sepas**

5. ella / haber   **haya**

6. ellos / dar   **den**

7. yo / ir   **vaya**

8. nosotros / estar   **estemos**

9. tú / haber   **hayas**

10. Ud. / dar   **dé**

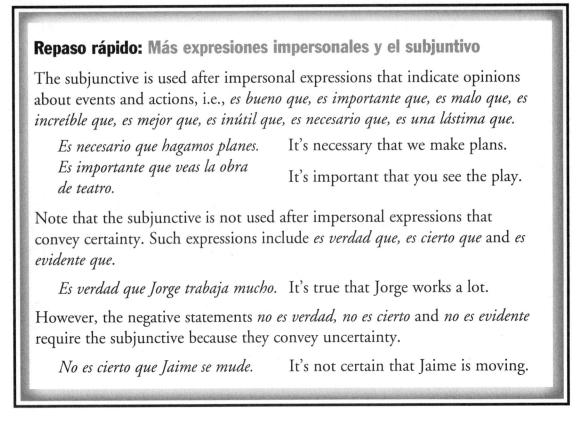

Repaso rápido: Más expresiones impersonales y el subjuntivo

The subjunctive is used after impersonal expressions that indicate opinions about events and actions, i.e., *es bueno que, es importante que, es malo que, es increíble que, es mejor que, es inútil que, es necesario que, es una lástima que.*

Es necesario que hagamos planes.   It's necessary that we make plans.
Es importante que veas la obra de teatro.   It's important that you see the play.

Note that the subjunctive is not used after impersonal expressions that convey certainty. Such expressions include *es verdad que, es cierto que* and *es evidente que.*

Es verdad que Jorge trabaja mucho.   It's true that Jorge works a lot.

However, the negative statements *no es verdad, no es cierto* and *no es evidente* require the subjunctive because they convey uncertainty.

No es cierto que Jaime se mude.   It's not certain that Jaime is moving.

4 Ud. tiene muchas opiniones. Use la información indicada para expresar sus ideas.

MODELO   es importante / usted descansar
<u>Es importante que usted descanse.</u>

1. es importante / ustedes ir

   Es importante que ustedes vayan.

2. es mejor / Luz navegar en la internet ahora

   Es mejor que Luz navegue en la internet ahora.

3. es necesario / yo ver a mis amigos

   Es necesario que yo vea a mis amigos.

4. es una lástima / nosotros no tener vacaciones

   Es una lástima que nosotros no tengamos vacaciones.

5. es increíble / Bárbara ser tan encantadora

   Es increíble que Bárbara sea tan encantadora.

5   **Ud. no está de acuerdo con las siguientes oraciones. Cámbielas a oraciones negativas.**

> **MODELO**   Es verdad que Jorge es encantador.
> <u>No es verdad que Jorge sea encantador.</u>

1. Es cierto que tenemos clase los sábados.

   No es cierto que tengamos clase los sábados.

2. Es verdad que hay vacaciones en octubre.

   No es verdad que haya vacaciones en octubre.

3. Es evidente que mis amigos navegan en la Internet.

   No es evidente que mis amigos naveguen en la Internet.

4. Es verdad que patino bien.

   No es verdad que patine bien.

5. Es cierto que mis primos me escriben cada día.

   No es cierto que mis primos me escriban cada día.

6. Es evidente que su equipo es el mejor.

   No es evidente que su equipo sea el mejor.

6   **Escriba seis oraciones para expresar sus opiniones, usando la información indicada.**
            Answers will vary. All responses should be in the subjunctive.

1. Es increíble que _____ .

2. Es importante que _____ .

3. Es mejor que _____ .

4. Es malo que _____ .

5. Es bueno que _____ .

6. Es necesario que _____ .

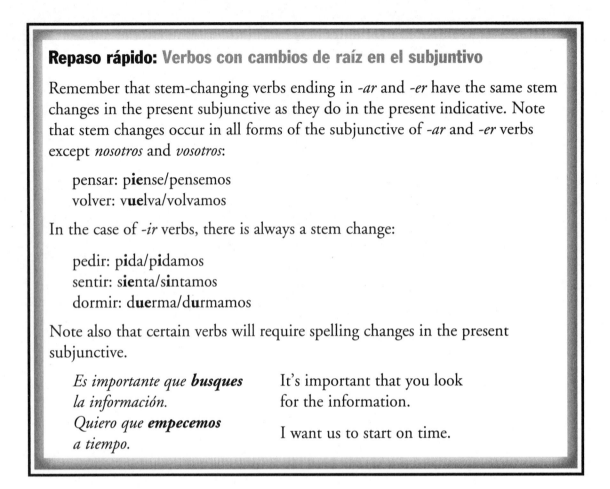

Repaso rápido: Verbos con cambios de raíz en el subjuntivo

Remember that stem-changing verbs ending in *-ar* and *-er* have the same stem changes in the present subjunctive as they do in the present indicative. Note that stem changes occur in all forms of the subjunctive of *-ar* and *-er* verbs except *nosotros* and *vosotros*:

   pensar: **pie**nse/pensemos
   volver: **vue**lva/volvamos

In the case of *-ir* verbs, there is always a stem change:

   pedir: **pi**da/**pi**damos
   sentir: **sie**nta/**si**ntamos
   dormir: **due**rma/**du**rmamos

Note also that certain verbs will require spelling changes in the present subjunctive.

*Es importante que **busques** la información.*

*Quiero que **empecemos** a tiempo.*

It's important that you look for the information.

I want us to start on time.

7 Forme oraciones originales, combinando información de cada columna.

yo				trabajar mucho
tú				estudiar más
Ud.	esperar		yo	ayudar en casa
mi amiga	querer		mi hermano/a	hacer las tareas
nosotros	pedir	que	mis amigos	asistir a clase
mis padres	recomendar		los profesores	aprender mucho
Uds.				escribir cartas

1. **Answers will vary.** _____

2. _____

3. _____

4. _____

5. _____

6. _____

7. _____

8 Complete el siguiente crucigrama con palabras referentes a un campamento.

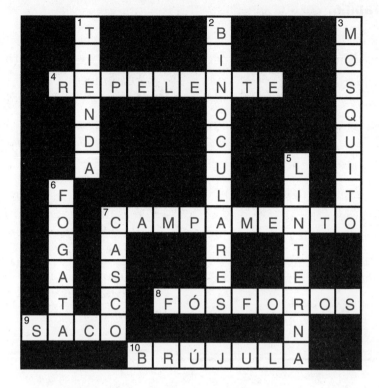

Horizontales

4. se usa para alejar los insectos del cuerpo
7. lugar donde están las tiendas de acampar
8. se usan para prender una fogata
9. el ___ de dormir
10. aparato que señala el norte

Verticales

1. la ___ de acampar
2. se usa para mirar a lo lejos
3. es un tipo de insecto
5. aparato con baterías para dar luz
6. fuego que se hace en un campamento
7. se usa en la cabeza para protegerla

9 Ponga las letras en el orden correcto para escribir seis palabras referentes al campo.

1. bstouar   **arbusto** _____

2. pcaom   **campo** _____

3. uloebp   **pueblo** _____

4. ronsede   **sendero** _____

5. allve   **valle** _____

6. aorc   **roca** _____

Repaso rápido: *Por y para*

You already have learned that *por* and *para* are equivalent to the English word "for" but are not interchangeable. Remember to use *para* to express:

- destination
  El avión sale para Los Ángeles.

- who or what something is for
  Este regalo es para Tomás..
  Este plato es para el pastel.

- deadlines
  La tarea es para el jueves.

- the purpose of an action
  Estudiamos mucho para aprender.

Use *por* to express the following notions:

- movement through space
  Vamos a pasear por el parque.

- duration of time
  Hablaron por veinte minutos.

- manner or means
  Ellos me informaron por teléfono.

- reason, cause or motive
  Recibió un premio por ser la mejor atleta.

- proportion, rate or exchange
  Pagaron mil dólares por el coche usado.

10 Complete las siguientes oraciones, usando *por* o *para*.

1. Clarita cumple cuatro años el viernes. Tengo un regalo ___**para**___ ella. Ayer lo compré ___**por**___ internet.

2. Hemos comprado decoraciones ___**para**___ la fiesta. En total pagamos treinta dólares ___**por**___ todo.

3. Clara mandó invitaciones ___**por**___ correo ___**para**___ invitar a sus amigos.

4. En la fiesta los niños van a jugar ___**por**___ la casa y después habrá un pastel.

5. Todos cantaremos ___**para**___ felicitar a la niña.

Repaso rápido: consejos y sugerencias

Three additional verbs that offer advice and are followed by the subjunctive are *recomendar*, *aconsejar* and *sugerir*.

Les recomiendo que viajen a Chile.   I recommend that you travel to Chile.

Te aconsejo que leas este libro.   I advise that you read this book.

Le sugiero que saque muchas fotos.   I suggest that you take a lot of pictures.

11   **Imagine que Marta va de campamento y Ud. le da algunos consejos.**

MODELO   aconsejar / llevar repelente de insectos
          <u>Te aconsejo que lleves repelente de insectos.</u>

1. aconsejar que / acampar en el valle

   Te aconsejo que acampes en el valle.

2. sugerir que / tomar el sendero para llegar al valle

   Te sugiero que tomes el sendero para llegar al valle.

3. recomendar que / poner la fogata lejos de la tienda de acampar

   Te recomiendo que pongas la fogata lejos de la tienda de acampar.

4. aconsejar que / llevar unos binoculares y una brújula

   Te aconsejo que lleves unos binoculares y una brújula.

5. sugerir que / escalar las rocas llevando un casco

   Te sugiero que escales las rocas llevando un casco.

6. recomendar que / ir al pueblo por agua y comida

   Te recomiendo que vayas al pueblo por agua y comida.

12 Imagine que Ud. ha recibido un e-mail de un amigo que le cuenta que va de campamento. Complete lo siguiente lógicamente para darle seis consejos antes de que él vaya a acampar.

> **MODELO**   Te aconsejo que <u>vayas a escalar roca.</u>

1. Te aconsejo que **Answers will vary.** _____ .

2. Te recomiendo que _____ .

3. Te sugiero que _____ .

4. Te aconsejo que _____ .

5. Te recomiendo que _____ .

6. Te sugiero que _____ .

Capítulo

Lección A

1 Complete el siguiente crucigrama con palabras referentes a un viaje.

Horizontales

2. los __ de viajero son muy útiles
   para pagar cuando viajas
7. lo que debes hacer con una reserva
   antes de viajar
8. un __ es cuando uno se equivoca en
   entender algo

Verticales

1. sinónimo de *hacer una reserva*
3. viaje que se hace a diferentes lugares
4. precio rebajado de una tarifa
5. montaña de la que sale humo
   y fuego
6. se hace esto si no es posible hacer
   un viaje

2 **Conteste cada pregunta con una frase completa.**

1. ¿Has ido de excursión alguna vez? ¿Adónde?

   Answers will vary. _____

2. ¿Qué países o que lugares te gustaría conocer?

   _____

3. ¿Has visitado alguna vez un volcán? ¿Te gustaría visitar uno? Explica.

   _____

4. ¿Qué información puedes obtener en una agencia de viajes?

   _____

5. ¿Buscas descuento cuando vas de viaje? ¿Dónde encuentras buenos descuentos?

   _____

6. ¿Has usado cheques de viajero en algún viaje? ¿Piensas usarlos en tu próximo viaje?

   _____

3 **Escriba en los espacios las letras de las frases de la columna de la derecha que complementan lógicamente las frases de la izquierda.**

1. __F__ Debe pagar tan pronto...   A. no se puede cancelar el viaje.

2. __E__ Necesito un descuento...   B. pueden leer este folleto.

3. __A__ Con una tarifa baja...   C. a último momento.

4. __B__ Si quieren más detalles...   D. están sujetos a cambios.

5. __D__ Los horarios de excursión...   E. porque no tengo mucho dinero.

6. __C__ No aceptamos cancelaciones... F. como confirme la reserva.

4 **Escriba oraciones originales con las palabras indicadas.**

> **MODELO**   usar / cheques de viajero
>   En mi próximo voy a usar cheques de viajero.

1. cancelar / reserva

   Answers will vary.

2. confirmar / pasajes de avión

   _____

3. pedir / detalle

   _____

4. descuento / excursión

   _____

5. planear / viaje

   _____

6. visitar / volcán

   _____

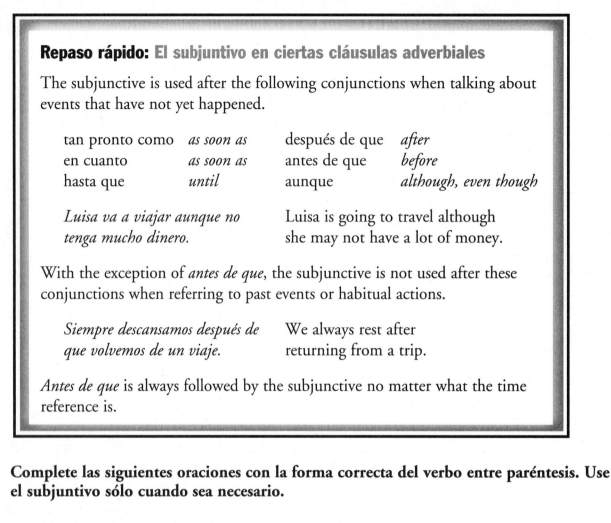

Repaso rápido: El subjuntivo en ciertas cláusulas adverbiales

The subjunctive is used after the following conjunctions when talking about events that have not yet happened.

tan pronto como	*as soon as*	después de que	*after*
en cuanto	*as soon as*	antes de que	*before*
hasta que	*until*	aunque	*although, even though*

Luisa va a viajar aunque no tenga mucho dinero. Luisa is going to travel although she may not have a lot of money.

With the exception of *antes de que*, the subjunctive is not used after these conjunctions when referring to past events or habitual actions.

Siempre descansamos después de que volvemos de un viaje. We always rest after returning from a trip.

Antes de que is always followed by the subjunctive no matter what the time reference is.

5 Complete las siguientes oraciones con la forma correcta del verbo entre paréntesis. Use el subjuntivo sólo cuando sea necesario.

1. No vamos a comprar los pasajes hasta que **tengamos** _____ una buena tarifa. (tener)

2. Vamos a visitar Colombia después de que **veamos** _____ Panamá. (ver)

3. Normalmente yo llevo una mochila cuando **viajo** _____. (viajar)

4. Es importante que mis amigos obtengan un descuento antes de que

   compren _____ los pasajes. (comprar)

5. Siempre visito una agencia de viajes tan pronto como **quiero** _____

   hacer un viaje. (querer)

6. Vamos a visitar la selva tropical aunque **llueva** _____. (llover)

6 Complete las siguientes oraciones con una expresión en el subjuntivo, para hablar sobre el viaje de un amigo.

1. Mi amigo va a visitar Panamá cuando <u>**Answers will vary.**</u> .

2. Tiene que ahorrar dinero antes de que _____ .

3. Él visitará la selva tropical después de que _____ .

4. Él verá la capital, Ciudad de Panamá, en cuanto _____ .

5. Yo hablaré con mi amigo sobre su viaje después de que _____ .

7 Encuentre y encierre con una línea ocho palabras referentes a viajar en avión y al tiempo.

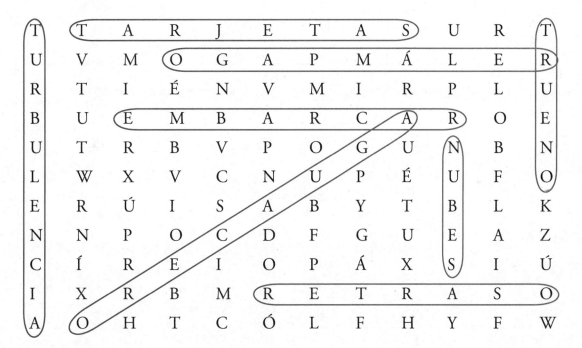

8 **Conteste las siguientes preguntas con oraciones completas.**

1. ¿Has viajado en avión?

   Answers will vary. _____

2. ¿Te asustan las turbulencias? Explica.

   _____

   _____

3. ¿Te gusta hacer filas en los aeropuertos? Explica.

   _____

   _____

4. ¿Qué información hay en una tarjeta de embarque?

   _____

5. Según el reporte del tiempo, ¿qué tiempo va a hacer mañana en donde vives?

   _____

Repaso rápido: El futuro

To form the future tense, add the following endings to the infinitive form of a verb: *-é, -ás, -á, -emos, -éis, -án.* The endings are the same for *-ar, -er* and *-ir* verbs.

viajaré	viajaremos
viajarás	viajaréis
viajará	viajarán

En dos años viajaré a Chile.   In two years I will travel to Chile.
Mi primo irá conmigo y nosotros   My cousin will go with me and we
visitaremos a nuestros amigos.   will visit our friends.

Note that some verbs have an irregular stem in the future tense but use the same endings as regular verbs.

decir	dir-	querer	querr-
hacer	har-	salir	saldr-
haber	habr-	saber	sabr-
poder	podr-	tener	tendr-
poner	pondr-	venir	vendr-

El lunes habrá un concierto.   On Monday there will be a concert.
En agosto yo saldré de viaje.   In August I'll leave on a trip.

You also may use the future tense to express wonder or probability about the present.

¿Cuántos años tendrá?   I wonder how old he is.
Serán las dos de la tarde.   It's probably two in the afternoon.

9 **Escriba en los espacios las letras de las frases de la columna de la derecha que correspondan lógicamente con las personas de la columna de la izquierda.**

1. __B__ yo   A. hablará de su nueva película

2. __A__ el actor   B. me graduaré del colegio

3. __C__ mis amigos y yo   C. tendremos una fiesta

4. __E__ el presidente   D. corregirán los exámenes

5. __D__ mis profesores   E. estudiará la economía

10 Ud. y sus amigos van a hacer un viaje. Explique lo que diferentes personas harán antes de que salgan.

> **MODELO**   tú / comprar una maleta nueva
> <u>Tú comprarás una maleta nueva.</u>

1. yo / ir a la agencia de viajes

   Yo iré a la agencia de viajes.

2. nosotros / ahorrar dinero

   Nosotros ahorraremos dinero.

3. mis amigos / leer sobre el país

   Mis amigos leerán sobre el país.

4. Susana / tener ropa nueva

   Susana tendrá ropa nueva.

5. tú / hacer la maleta

   Tú harás la maleta.

6. nosotros / hablar con nuestras familias

   Nosotros hablaremos con nuestras familias.

Repaso rápido: El subjuntivo en expresiones de duda y negación

The subjunctive is also used to convey doubt, uncertainty or denial. The following expressions convey such notions and therefore are followed by the subjunctive: *dudar que, no creer que, no pensar que, no estar seguro/a que, negar que.*

Dudo que Manuel esté en casa.	I doubt that Manuel is at home.
No creemos que sea posible ir mañana.	We don't think that it will be possible to go tomorrow.

The subjunctive also may follow certain expressions of uncertainty.

Tal vez salgamos mañana.	We might leave tomorrow.
Quizás llueva el sábado.	It might rain on Saturday.

11 Ud. piensa que las siguientes oraciones no son correctas. Escriba sus reacciones de duda según el modelo.

MODELO El avión sale a tiempo.
Dudo que <u>el avión salga a tiempo.</u>

1. La tarifa es muy económica.

Dudo que <u>la tarifa sea muy económica.</u>

2. Rosa quiere viajar en coche.

No creo que <u>Rosa quiera viajar en coche.</u>

3. Hay pocas personas en los aeropuertos grandes.

No pienso que <u>haya pocas personas en los aeropuertos grandes.</u>

4. El avión llega a las diez.

Tal vez <u>el avión llegue a las diez.</u>

5. Los pilotos viajan poco.

Dudo que <u>los pilotos viajen poco.</u>

6. El avión va a San José.

No creo que <u>el avión vaya a San José.</u>

Lección B

1 Ponga las letras en el orden correcto para escribir cinco palabras referentes a un alojamiento.

1. aneríadlav   **lavandería**
2. tgisrore   **registro**
3. vicriosse   **servicios**
4. nsrjeeco   **conserje**
5. ñbarea   **bañera**

2 Identifique la palabra que no pertenezca al grupo.

1. albergue   (coche)   hotel   parador
2. lavandería   piscina   (conserje)   cancha de tenis
3. (niebla)   firme   colchón   blando
4. sencilla   cama   (albergue)   doble
5. registro   hotel   habitación   (sonrisa)

3 Conteste las siguientes preguntas con oraciones completas.

1. En tu casa, ¿duermes en una cama doble o sencilla?
   Answers will vary.

2. ¿Prefieres una almohada blanda o firme?

3. Cuando vas de vacaciones, ¿prefieres alojarte en un albergue o en un hotel? Explica.

4. ¿Qué características buscas en un albergue juvenil? ¿Y en un hotel?

Repaso rápido: El condicional

The conditional tense is used to say what you would do or what would happen. Form the conditional by adding the following endings to an infinitive: *-ía, -ías, ía, -íamos, -íais, -ían*. Note that the endings are the same for *-ar, -er* and *-ir* verbs.

Yo iría a la capital.	I would go to the capital.
Tomás pagaría con tarjeta de crédito.	Tomás would pay with a credit card.
Nosotros volveríamos pronto.	We would return soon.

The verbs that have irregular stems in the future have the same irregular stems in the conditional.

decir	dir-	querer	querr-
hacer	har-	salir	saldr-
haber	habr-	saber	sabr-
poder	podr-	tener	tendr-
poner	pondr-	venir	vendr-

4 **Explique lo que diferentes personas harían durante un viaje a Costa Rica.**

1. las amigas / quedarse en un albergue juvenil

   Las amigas se quedarían en el albergue juvenil.

2. nosotros / visitar la capital

   Nosotros visitaríamos la capital.

3. Pedro y David / viajar en autobús

   Pedro y David viajarían en autobús.

4. Marcos / sacar fotos

   Marcos sacaría fotos.

5. yo / ir al volcán Arenal

   Yo iría al volcán Arenal.

5 Forme oraciones lógicas con información de cada columna, usando el condicional.

yo	ir	en efectivo
tú	pagar	a las montañas de San José
el conserje	dar	en aquel restaurante
la habitación	tener	al museo
los turistas	comer	una fiesta de bienvenida
mis amigos y yo		

1. **Answers will vary.** _____

2. _____

3. _____

4. _____

5. _____

6. _____

6 Complete las oraciones con la forma correcta del condicional según lo que Ud. haría en las siguientes situaciones.

MODELO   Ud. necesita cambiar un cheque de viajero. (llamar a casa / ir al banco)

Iría al banco.

1. Ud. tiene hambre. (entrar en el restaurante / dormir en el hotel)

   Entraría en el restaurante. _____

2. Ud. no encuentra su pasaporte. (ver la televisión / mirar en la maleta)

   Miraría en la maleta. _____

3. Ud. tiene poco dinero. (ir a un albergue juvenil / quedarse en un hotel de lujo)

   Iría a un albergue juvenil. _____

4. Ud. necesita hablar con su familia. (llamar por teléfono / escribir una carta)

   Llamaría por teléfono. _____

5. Ud. empieza un nuevo trabajo. (descansar / llegar a tiempo)

   Llegaría a tiempo. _____

Repaso rápido: Otros usos del condicional

The conditional also can be used to soften a request in an interrogative sentence. This is the equivalent of "would," "could" or "should" in English. Use either the conditional of the verb or the conditional of the verb *poder* followed by an infinitive.

¿Me traería la cuenta?
¿Podría traerme la cuenta? Could you bring me the check?

A third use of the conditional is to express wonder or probability in relation to the past.

¿Qué hora sería cuando llegaron? I wonder what time it was when they arrived.
Serían las once. It was probably eleven.

7 **Cambie las siguientes oraciones a la forma condicional con el verbo *poder* para que sean más formales.**

MODELO   Llame a la recepción.
   ¿Podría llamar a la recepción, por favor?

1. Déme la cuenta.

   ¿Podría darme la cuenta, por favor?/¿Me podría dar la cuenta, por favor?

2. Limpie la habitación.

   ¿Podría limpiar la habitación, por favor?

3. Prepare la comida.

   ¿Podría preparar la comida, por favor?

4. Páseme el agua.

   ¿Podría pasarme el agua, por favor?/¿Me podría pasar el agua, por favor?

5. Sírvame el postre.

   ¿Podría servirme el postre, por favor?/¿Me podría servir el postre, por favor?

8 Encuentre y encierre con una línea ocho palabras referentes a una excursión.

```
A  Q  O  E  R  H  N  Í  S  L  D  A  X  W  G
M  A  R  I  P  O  S  A  L  J  H  C  G  F  D
O  M  Q  U  Y  T  P  R  E  W  Q  S  A  S  W
B  A  U  Z  T  C  V  B  N  A  S  D  D  F  S
X  B  Í  V  B  U  M  L  X  K  Q  I  H  G  X
Z  G  D  W  É  R  C  Y  U  A  U  V  O  P  B
F  T  E  C  D  E  W  Á  X  Z  E  O  A  A  D
R  Y  A  G  B  Y  H  V  N  U  T  M  L  I  K
Ó  L  P  Q  M  Z  R  S  G  X  Z  S  R  C  R
R  F  V  E  T  A  B  Y  B  H  A  U  J  U  M
Í  K  G  O  U  P  Á  S  N  D  L  G  H  J  K
L  E  Q  G  E  R  T  Y  H  U  I  O  P  L  K
L  J  A  G  C  A  B  A  L  G  A  R  V  C  X
Z  J  O  I  Ú  Y  T  R  E  É  W  Q  Á  S  D
F  G  P  E  R  E  Z  O  S  O  N  H  J  K  L
```

Repaso rápido: El subjuntivo con verbos que expresan emoción

The subjunctive is used after verbs and expressions of emotion followed by the conjunction *que*.

    Me encanta que viajemos.   I am delighted that we travel.

When the subject is the same for both verbs, an infinitive is used instead of *que* and the subjunctive.

    Me interesa visitar Panamá.   I am interested in visiting Panama.

As shown in the preceding examples, many verbs of emotion follow the pattern of the verb *gustar*. They include *agradar, alegrar, complacer, disgustar, encantar, enojar, fascinar, fastidiar, importar, interesar, molestar, preocupar* and *sorprender*. Examples of verbs that express emotion but do not follow the pattern of *gustar* include *sentir, temer* and *tener miedo de*.

    Siento que no puedas ir
    con nosotros.   I am sorry that you can't go with us.

9 **Explique las emociones de diferentes personas durante un viaje a Costa Rica.**

    MODELO   encantar / los estudiantes / vivir con familias
            A Alicia le encanta que los estudiantes vivan con familias.

1. la profesora / fascinar / los estudiantes / hablar español

    A la profesora le fascina que los estudiantes hablen español.

2. los estudiantes / importar / el grupo / ver las tortugas verdes

    A los estudiantes les importa que el grupo vea las tortugas verdes.

3. Pedro / molestar / hacer calor

    A Pedro le molesta que haga calor.

4. las familias / importar / los estudiantes / aprender mucho

    A las familias les importa que los estudiantes aprendan mucho.

5. yo / interesar / el grupo / ir a la playa

    Me interesa que el grupo vaya a la playa.

10 Imagine que Ud. y sus amigos tienen muchas cosas en común. Siga el modelo para expresar cinco emociones.

> **MODELO** Me gusta recibir buenas notas.
> Me gusta que recibamos buenas notas.

1. Me importa viajar el próximo verano.

   Me importa que viajemos el próximo verano.

2. Me interesa conocer Costa Rica.

   Me interesa que conozcamos Costa Rica.

3. Me encanta ir en avión.

   Me encanta que vayamos en avión.

4. Temo no tener suficiente dinero.

   Temo que no tengamos suficiente dinero.

11 Complete cada oración con el subjuntivo y una emoción que Ud. tiene con respecto a otras personas.

1. Tengo miedo de que **Answers will vary.** _____.

2. Me molesta que _____.

3. Me preocupa que _____.

4. Me encanta que _____.

12 Repase la información que Ud. tiene sobre otros países y, luego, escriba cinco impresiones personales.

1. Me encanta que **Answers will vary.** _____.

2. Me fascina que _____.

3. Me importa que _____.

4. Me sorprende que _____.

5. Me interesa que _____.

Capítulo  7

◆ Lección A

1 Encuentre y encierre con una línea ocho palabras referentes a verduras, legumbres o condimentos.

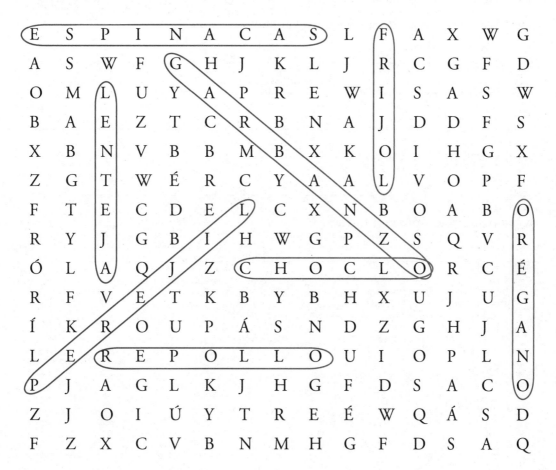

2 **Conteste las siguientes preguntas con oraciones completas.**

1. ¿Prefieres las espinacas o el repollo?

   Answers will vary.
   _____

2. ¿Prefieres las cerezas o los damascos?

   _____

3. ¿Prefieres los frijoles, las lentejas o los garbanzos? Explica.

   _____

4. ¿Dónde se compran legumbres en tu ciudad?

   _____

5. ¿Quién compra la comida para tu familia?

   _____

6. ¿Qué comida compran en tu casa?

   _____

Repaso rápido: El comparativo

Persons and things can be compared by using *más* or *menos* with an adjective or adverb followed by *que*.

La coliflor cuesta más que las espinacas.   The cauliflower costs more than the spinach.

Marcos cocina menos frecuentemente que Rosa.   Marcos cooks less frequently than Rosa.

Several adjectives have irregular comparative forms:

bueno	→	mejor	joven	→	menor
malo	→	peor	viejo	→	mayor

Este restaurante es mejor que aquél.   This restaurant is better than that one.

Alejandro es menor que Ana.   Alejandro is younger than Ana.

Note that the comparative forms of the adverbs *bien* and *mal* are *mejor* and *peor*.

3 Escriba oraciones completas para comparar las siguientes personas y cosas.

MODELO   Clara / Ana (más vieja)

Clara es mayor que Ana.

1. el novio / la novia (más joven)

   El novio es menor que la novia.

2. el supermercado / el mercado (más caro)

   El supermercado es más caro que el mercado.

3. las verduras / los postres (menos dulces)

   Las verduras son menos dulces que los postres.

4. el restaurante / la cafetería (más bueno)

   El restaurante es mejor que la cafetería.

5. las cerezas / los damascos (más ricas)

   Las cerezas son más ricas que los damascos.

4 Escriba oraciones lógicas para comparar lo siguiente.

> **MODELO**   la carne / la fruta
> <u>La carne es más cara que la fruta.</u>

1. los garbanzos / las lentejas

   Answers will vary. _____

2. las espinacas / el repollo

   _____

3. la comida en mi casa / la comida en mi colegio

   _____

4. las frutas / las verduras

   _____

5. las ensaladas / los postres

   _____

Repaso rápido: El comparativo de igualdad

Use the pattern *tan* + adjective/adverb + *como* to express that two or more persons or things are equal in terms of characteristics or qualities.

El mercado es tan popular. *como el supermercado*	The market is as popular as the supermarket.

Use *tanto... como* to express equality of amount. Note that the form of *tanto (tanta, tantos, tantas)* agrees with the object that follows.

Juan come tanta ensalada como Susana.	Juan eats as much salad as Susana.

The expression *tanto como* is used to express equality of actions using verbs.

Cocino tanto como mi padre.	I cook as much as my father does.

---

5 Cambie las siguientes oraciones a comparaciones de igualdad.

MODELO   El restaurante es más formal que la cafetería.

El restaurante es tan formal como la cafetería.

1. El tren es más rápido que el autobús.

   El tren es tan rápido como el autobús.

2. El avión es menos popular que el coche.

   El avión es tan popular como el coche.

3. Los profesores tienen más trabajo que los alumnos.

   Los profesores tienen tanto trabajo como los alumnos.

4. David come menos fruta que su hermana.

   David come tanta fruta como su hermana.

5. Yo cocino más que mi hermano.

   Yo cocino tanto como mi hermano.

6. Nosotros trabajamos menos que Uds.

   Nosotros trabajamos tanto como Uds.

Repaso rápido: El superlativo

Use the superlative to single out an item or an individual in relation to others.

el/la/los/las + más/menos + *adjective/adverb* + de

Este restaurante es el más popular de la ciudad porque tiene la mejor comida.

This restaurant is the most popular in the city because it has the best food.

As shown in the sentences below, it is possible to eliminate the noun and the word *de*.

Éstas son las frutas más populares del mercado.

These are the most popular fruits in the market.

Éstas son las más populares.

These are the most popular.

Note also that you can enhance a description by placing the word *tan* before adjectives and adverbs.

Mí tía cocina tan bien.

My aunt cooks so well.

The suffix *-ísimo(a)* after an adjective is used to say that something is extraordinarily good (or extraordinarily bad, etc.).

La comida está buenísima.

The food is extraordinarily good.

As shown in the example above, the last vowel is dropped from adjectives ending in a vowel before the suffix is added. In the case of adjectives ending in *-ble,* the ending changes to *-bil.*

El cocinero es amable. → *El cocinero es amabilísimo.*

Note the following spelling changes:

ie	→	e:	caliente, calentísimo
z	→	c:	feliz, felicísimo
c	→	qui:	rico, riquísimo
g	→	gu:	larga, larguísima

6 **Escriba oraciones originales para hablar de su colegio, su ciudad o estado.**

> **MODELO** el edificio más alto
>
> El edificio más alto es el banco.

1. la tienda más popular

   Answers will vary. _____

2. el mejor restaurante

   _____

3. las clases más interesantes

   _____

4. la clase más difícil

   _____

5. el deporte más popular

   _____

7 **Escriba nuevamente las oraciones indicadas, usando el superlativo *-ísimo*.**

> **MODELO** Luisa es muy alta.
>
> Luisa es altísima.

1. Diego es muy cómico.

   Diego es comiquísimo.

2. Ángel y Gustavo son muy simpáticos.

   Ángel y Gustavo son simpatiquísimos.

3. El viaje es muy largo.

   El viaje es larguísimo.

4. La sandía está muy rica.

   La sandía está riquísima.

5. Es muy fácil cocinar este plato.

   Es facilísimo cocinar este plato.

6. Todos están muy felices con la comida.

   Todos están felicísimos con la comida.

8 Complete el siguiente crucigrama con palabras del *Vocabulario II.*

Horizontales

3. cortar algo en pedazos muy pequeños
4. recipiente que se usa para asar
7. lo que se hace con una batidora
8. polvo blanco que se usa para hacer pan
9. lo que se usa para batir

Verticales

1. lo que haces cuando pones una comida en el horno
2. parte amarilla del huevo
3. porción de algo
5. recipiente que se usa para freír
6. sinónimo de *mezclar*

9 Conteste las siguientes preguntas con oraciones completas.

1. ¿Te gusta la comida picante? Explica.

   Answers will vary. _____

2. ¿Haz hecho alguna vez alguna comida que tengas que hornear? ¿Que horneaste?

   _____

3. ¿Tienes una asadora en casa? ¿Qué te gusta asar?

   _____

4. ¿Cuál es tu receta favorita? ¿Cómo es la receta?

   _____

   _____

   _____

   _____

Repaso rápido: La voz pasiva

In the passive voice the subject receives rather than performs an action. The doer is often named after the word *por*.

La cena será preparada por Elena.   The dinner will be prepared by Elena.

As shown in the preceding example, the passive voice consists of a form of the verb *ser* and the past participle of a verb. The past participle agrees in gender and number with the subject.

Las recetas son creadas por los cocineros.   The recipes are created by the chefs.

The passive voice is sometimes conveyed with the third person plural of a verb or with a *se* construction.

Anunciarán los premios hoy.   The prizes will be announced today.
Se publicó el artículo el domingo pasado.   The article was published last Sunday.

10   **Cambie las siguientes oraciones a la voz pasiva.**

MODELO   María explicó el problema.
<u>El problema fue explicado por María.</u>

1. Eliana consiguió la receta.

   La receta fue conseguida por Eliana.

2. Juan Martín cortó el pollo.

   El pollo fue cortado por Juan Martín.

3. Juan Francisco preparó la crema.

   La crema fue preparada por Juan Francisco.

4. Alejandro compró los ingredientes.

   Los ingredientes fueron comprados por Alejandro.

5. Conchita le quitó la yema al huevo.

   La yema fue quitada por Conchita.

Repaso rápido: *Estar* y el participio pasado

The verb *estar* is used with a past participle to describe a condition that resulted from a previous action. The past participle acts as an adjective and must agree in gender and number with the noun it modifies.

La puerta está cerrada.	The door is closed.
La mesa está puesta.	The table is set.

11 **Todos hicieron algo para la fiesta. Describa el estado en que todo quedó después de que todos terminaron lo que estaban haciendo.**

MODELO   Francisco decoró la sala.
<u>La sala está decorada.</u>

1. Luis hizo los postres.

   Los postres están hechos.

2. Carmen preparó la carne.

   La carne está preparada.

3. Nosotros abrimos las ventanas.

   Las ventanas están abiertas.

4. Cristina compró los regalos.

   Los regalos están comprados.

5. Yo organicé la música.

   La música está organizada.

6. Mi hermana puso la mesa.

   La mesa está puesta.

Repaso rápido: Más usos de se

The word *se* has many uses in Spanish.

- as reflexive pronoun

  Luisa se despierta a las seis.
  (Luisa wakes up at six.)

- as an indirect object pronoun

  Ayer se lo expliqué a Juan.
  (Yesterday I explained it to Juan.)

- as a reciprocal pronoun

  Carlos y Pilar se quieren mucho.
  (Carlos and Pilar love each other a lot.)

- in the passive voice or to mean "you," "one" or "they"

  Se bebe café con el desayuno.
  (They drink coffee with breakfast.)

You can also use *se* to explain accidental occurrences:

La ventana se rompió.	The window got broken.

To explain who was involved in an accidental occurrence, add an indirect object pronoun.

Se me olvidó ir a la reunión.	I forgot to go to the meeting.

12 Use el pronombre *se* para explicar cómo se hace una ensalada mixta.

MODELO lavar la lechuga
Se lava la lechuga.

1. cortar la lechuga

   Se corta la lechuga.

2. añadir el tomate

   Se añade el tomate.

3. picar la cebolla

   Se pica la cebolla.

4. preparar el aderezo

   Se prepara el aderezo.

5. poner el aderezo a la ensalada

   Se pone el aderezo a la ensalada.

13 Explique las situaciones indicadas según el modelo.

> **MODELO**   la pierna / romperse (Diego)
> <u>Se le rompió la pierna.</u>

1. la fiesta / olvidarse (yo)

   Se me olvidó la fiesta. _____

2. la receta / perderse (nosotros)

   Se nos perdió la receta. _____

3. la ensalada / caerse (tú)

   Se te cayó la ensalada. _____

4. la carne / quemarse (Julia)

   Se le quemó la carne. _____

5. los ingredientes / olvidarse (Gloria y Ana)

   Se les olvidaron los ingredientes. _____

6. el vaso / caerse (Ud.)

   Se le cayó el vaso. _____

Lección B

1 Escriba en los espacios las letras de las frases de la columna de la derecha que correspondan lógicamente con las palabras de la columna de la izquierda.

1. __C__ anfitrión
2. __F__ interrumpir
3. __E__ disc jockey
4. __B__ parlante
5. __A__ invitados
6. __D__ modales

A. las personas que van a una fiesta
B. aparato por donde sale el sonido
C. persona que hace una fiesta
D. formas de comportarse de una persona
E. la persona que pone la música en una fiesta
F. cortar la conversación entre dos personas

2 Decida si las siguientes acciones son ejemplos de buenos o malos modales.

	buenos	malos
1. aceptar una invitación y luego no ir a la fiesta		X
2. vestirse bien para una fiesta formal	X	
3. limpiarse la boca con una servilleta	X	
4. hablar mientras se mastica		X
5. hablar con la boca llena		X
6. taparse la boza cuando se bosteza	X	

3 **Conteste las siguientes preguntas con oraciones completas.**

1. ¿Qué tipo de música te gusta bailar?

   Answers will vary. _____

2. ¿Te gusta hacer de disc jokey?

   _____

3. ¿Piensa que tienes buenos o malos modales para comer?

   _____

4. ¿Te gusta escuchar la música con el volumen bien alto? Explica.

   _____

5. ¿Te has quejado alguna vez por el ruido de tus vecinos? Explica.

   _____

4 **Imagine que Ud. va a tener una fiesta. Haga una lista de seis preparativos que tiene que hacer.**

   MODELO   Tengo que mandar las invitaciones.

1. **Answers will vary.** _____
2. _____
3. _____
4. _____
5. _____
6. _____

Repaso rápido: El imperfecto del subjuntivo

You already have learned to use the present tense of the subjunctive. To form the past tense of the subjunctive, remove the *-on* ending from the *ellos* form of the preterite tense and add the following endings: *-a, -as, -a, -amos, -ais, -an.*

ir			
yo	fuer**a**	nosotros	fuér**amos**
tú	fuer**as**	vosotros	fuer**ais**
él/ella	fuer**a**	ellos/ellas	fuer**an**

When the first verb in such sentences is in the preterite, imperfect or conditional, use the past subjunctive for the second verb.

Es importante que vayamos.   It is important that we go.
Era importante que fuéramos.   It was important that we went.

Recomiendo que visites Perú.   I recommend that you visit Peru.
Recomendé que visitaras Perú.   I recommended that you visit Peru.

5   **Cambie las siguientes oraciones al pasado. Use el pretérito para el primer verbo y el imperfecto del subjuntivo para el segundo.**

1. María dice que compres el disco compacto.

    María dijo que compraras el disco compacto.

2. Recomiendo que Uds. preparen las invitaciones.

    Recomendé que Uds. prepararan las invitaciones.

3. Ana insiste en que hagamos una fiesta formal.

    Ana insistió en que hiciéramos una fiesta formal.

4. Alicia pide que sus amigos decoren la casa.

    Alicia pidió que sus amigos decoraran la casa.

5. Ana y Alicia dicen que todos tengan buenos modales.

    Ana y Alicia dijeron que todos tuvieran buenos modales.

6 Imagine que Ud. es estudiante de la profesora Ramos. Forme seis oraciones para resumir los consejos que ella dio la semana pasada.

MODELO   recomendar / nosotros estudiar más
Ella recomendó que estudiáramos más.

1. recomendar / yo asistir a clase

   Ella recomendó que asistiera a clase.

2. pedir / nosotros hacer la tarea

   Ella pidió que hiciéramos la tarea.

3. decir / David y Teresa leer el libro

   Ella dijo que David y Teresa leyeran el libro.

4. insistir / Javier llegar a tiempo

   Ella insistió en que Javier llegara a tiempo.

5. pedir / nosotros escribir una composición

   Ella pidió que escribiéramos una composición.

6. sugerir / yo estudiar cada noche

   Ella sugirió que estudiara cada noche.

7 Piense en sus años de primaria para escribir cinco oraciones sobre los buenos modales y las reglas del colegio. Use el imperfecto del subjuntivo en cada oración.

MODELO   Era importante que yo escuchara a los profesores.

1. Era importante que **Answers will vary.** _____

2. Era necesario que _____

3. Los profesores insistían en que _____

4. Los profesores pedían que _____

5. Mi familia quería que _____

8 Ponga las letras en el orden correcto para escribir seis palabras referentes a la comida.

1. adoarmin **marinado** _____

2. diseof **fideos** _____

3. llpaairr **parrilla** _____

4. tboalle **botella** _____

5. rdecoro **cordero** _____

6. lleeonr **relleno** _____

9 Escriba en los espacios las letras de las frases de la columna de la derecha que correspondan lógicamente con las palabras de la columna de la izquierda.

1. __D__ ceviche   A. comida que no está cocinada

2. __F__ salmón   B. una persona vegetariana no comería esto

3. __A__ cruda   C. se fríen en aceite antes de servir

4. __B__ bistec   D. es una comida típica del Perú

5. __C__ papas fritas   E. cuando una comida tiene mucha sal

6. __E__ salada   F. es un tipo de pescado

10 Conteste las siguientes preguntas con oraciones completas.

1. ¿Te gusta la carne a la parrilla?

   Answers will vary. _____

2. ¿Prefieres lo salado o lo dulce?

   _____

3. ¿Has comido ceviche?

   _____

4. ¿Qué platos hispanos te gustan?

   _____

5. ¿Te gusta la comida picante?

   _____

6. ¿Prefieres comer carne o pavo? Explica.

   _____

Repaso rápido: El subjuntivo después de pronombres relativos

The relative pronouns *que* and *quien* refer to and help describe previously mentioned nouns. As shown in the following examples, sometimes they are preceded by a preposition.

Manuel es el amigo con quien trabajamos.	Manuel is the friend with whom we work.
Su familia tiene un restaurante que sirve comida peruana.	His family has a restaurant that serves Peruvian food.

Use the subjunctive after these relative pronouns when referring to people, places and things that may not exist or do not exist. Use the indicative to describe people, places or things that do exist.

Busco un restaurante que sirva ceviche.	I am looking for a restaurant that serves ceviche.
Manuel trabaja en un restaurante que sirve ceviche.	Manuel works in a restaurant that serves ceviche.
Necesitamos encontrar un coche que no cueste mucho dinero.	We need to find a car that doesn't cost a lot of money.
Paco compró un coche usado que funciona bien.	Paco bought a used car that works well.
Tengo dos amigos que viven en Perú.	I have two friends who live in Peru.
No conozco a nadie que viva en Lima.	I don't know anyone who lives in Lima.

11 **Complete cada oración con el presente del indicativo o subjuntivo.**

1. No hay nadie en mi clase que __estudie_____ francés. (estudiar)

2. Busco una tienda que __venda_____ comida típica. (vender)

3. Conozco a tres personas que __van_____ a visitar Perú. (ir)

4. Luisa es la amiga con quien yo __viajo_____ (viajar)

5. ¿Hay alguien aquí que __conozca_____ Perú? (conocer)

6. Tengo un amigo que __cocina_____ platos hispanos. (cocinar)

Repaso rápido: la nominalización y el pronombre relativo *que*

Once an object has been identified, it is often not necessary to repeat it to be understood. You may use an article followed by an adjective or adjective phrase instead of the object. This is termed nominalization. Note in the following examples that the article has the same gender and number as the noun being replaced.

Me gusta más el restaurante peruano que el mexicano.	I like the Peruvian restaurant more than the Mexican one.
Los pasteles de esta tienda son mejores que los de aquella tienda.	The cakes at this store are better than those at that store.
Los platos salados son más populares que los dulces.	The salty dishes are more popular than the sweet ones.

You already have learned to use nominalization with *lo* and *lo que* to express an abstract idea.

Lo bueno de este restaurante es la música.	The good thing about this restaurant is the music.

You also can refer to specific things in relative clauses by using *el que, la que, los que* and *las que*.

Voy a comprar el que sea más barato.	I am going to buy the one that is cheapest.
Pablo quiere los que son picantes.	Pablo wants the ones that are hot.

When nominalization refers to an object that has not been determined, the subjunctive is used. Compare the following sentences.

Compra el que quieres.	Buy the one you want. (I already know what you want.)
Compra el que quieras.	Buy the one you want. (I don't know what you want.)

12 Escriba las siguientes oraciones de nuevo, usando la nominalización.

> MODELO Como la salsa salada y la salsa picante.
> <u>Como la salsa salada y la picante.</u>

1. Me gustan los restaurantes españoles y los restaurantes peruanos.

   Me gustan los restaurantes españoles y los peruanos.

2. Quiero el plato de ceviche y el plato de carne.

   Quiero el plato de ceviche y el de carne.

3. Me gusta la ensalada mixta y la ensalada de frutas.

   Me gusta la ensalada mixta y la de frutas.

4. Compramos comida en las tiendas grandes y en las tiendas pequeñas.

   Compramos comida en las tiendas grandes y en las pequeñas.

5. A mi padre le gustan las sopas calientes y las sopas frías.

   A mi padre le gustan las sopas calientes y las frías.

13 Complete las oraciones de una manera lógica, usando la nominalización.

> MODELO Me gustan mucho las ensaladas.
> Por ejemplo, me gustan <u>las que mi madre prepara en casa.</u>

1. Me gustan los restaurantes. Por ejemplo, me gustan _____

   Answers will vary.

2. Me gustan las sopas. Por ejemplo, me gustan _____

   _____

3. Me encanta comer postre. Por ejemplo, me encanta _____

   _____

4. Tomo diferentes jugos. Por ejemplo, me gustan _____

5. Voy de compras en diferentes tiendas. Por ejemplo, me gustan _____

   _____

Capítulo  8

Lección A

1 Complete el siguiente crucigrama con palabras referentes a la salud.

Horizontales

4. cuando un hueso está roto
5. la silla de __ se usa cuando no se puede caminar
7. se usan para apoyarse
8. se pone en una herida para evitar una infección

Verticales

1. es un tipo de foto para examinar el cuerpo
2. lo que los médicos hacen con los pacientes
3. los ponen cuando tienes una herida muy profunda
6. se pone esto cuando el tobillo está roto

2 Escriba oraciones lógicas, usando las palabras indicadas.

1. resbalarse / darse un golpe en la cabeza
   Answers will vary. _____

2. quebrarse / tobillo
   _____

3. torcerse / muñeca
   _____

4. fracturarse / yeso
   _____

5. quitarse / venda
   _____

6. tropezarse / silla
   _____

3 Conteste las siguientes preguntas con oraciones completas.

1. ¿Has tenido alguna fractura? ¿Qué te quebraste?
   Answers will vary. _____

2. ¿Sufriste mucho la última vez que estabas enfermo? Explica.
   _____

3. ¿Has tenido que ir a una sala de emergencias? ¿Cuándo? ¿Por qué?
   _____

4. ¿Qué cosas harías para curarte de un accidente?
   _____

5. ¿Te pones una curita cuando te haces una herida? ¿Qué haces?
   _____

Repaso rápido: El verbo *doler*

The verb *doler* (to hurt, to ache) is conjugated like the verb *gustar* in that it is used with an indirect object pronoun. In the present indicative tense use *duele* with a singular noun and *duelen* with a plural noun. Remember also that when speaking of parts of the body, definite articles are used instead of possessive adjectives.

¿Te duelen las manos?   Do your hands hurt?
Me duele la cabeza.   My head aches.

You can also express that a certain part of the body aches by using the expression *tener* + *dolor de* + body part.

Tengo dolor de estómago.   I have a stomachache.

4 Escriba oraciones completas para decir lo que le duele a diferentes personas después de un día de mucha actividad.

MODELO   nosotros / pies
         A nosotros nos duelen los pies.

1. tú / el brazo

   A ti te duele el brazo.

2. yo / espalda

   A mí me duele la espalda.

3. Inés / dedos

   A Inés le duelen los dedos.

4. mis hermanos / las manos

   A mis hermanos les duelen las manos.

5. Ud. / el estómago

   A Ud. le duele el estómago.

6. nosotros / los hombros

   A nosotros nos duelen los hombros.

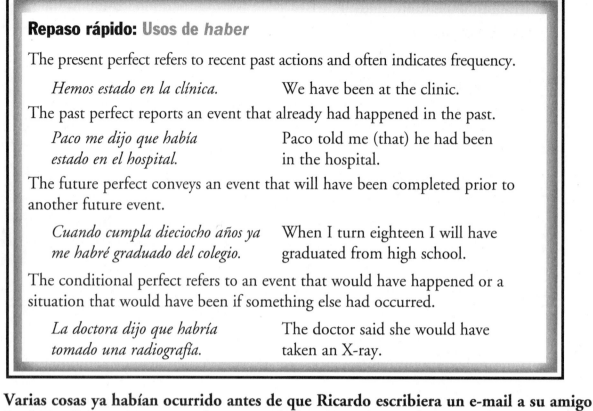

Repaso rápido: Usos de *haber*

The present perfect refers to recent past actions and often indicates frequency.

Hemos estado en la clínica.   We have been at the clinic.

The past perfect reports an event that already had happened in the past.

Paco me dijo que había   Paco told me (that) he had been
estado en el hospital.   in the hospital.

The future perfect conveys an event that will have been completed prior to another future event.

Cuando cumpla dieciocho años ya   When I turn eighteen I will have
me habré graduado del colegio.   graduated from high school.

The conditional perfect refers to an event that would have happened or a situation that would have been if something else had occurred.

La doctora dijo que habría   The doctor said she would have
tomado una radiografía.   taken an X-ray.

5 **Varias cosas ya habían ocurrido antes de que Ricardo escribiera un e-mail a su amigo José. Escriba oraciones completas, usando las pistas que se dan. Siga el modelo.**

MODELO   Los hermanos / ver una película
Los hermanos habían visto una película.

1. Albertico / subirse a un árbol

   Albertico se había subido a un árbol.

2. Ricardo / caerse de un árbol

   Ricardo se había caído de un árbol.

3. el doctor Ramírez / ayudar a Ricardo

   El doctor Ramírez había ayudado a Ricardo.

4. los médicos / ponerle un yeso a Ricardo

   Los médicos le habían puesto un yeso a Ricardo.

5. Ricardo / caminar con muletas

   Ricardo había caminado con muletas.

6. los amigos / hacerle compañía a Ricardo

   Los amigos le habían hecho compañía a Ricardo.

6 Dentro de tres meses muchas cosas habrán pasado en la vida de Jorge. Escriba cinco oraciones en el futuro perfecto, usando las pistas que se dan. Siga el modelo.

> **MODELO** los médicos / quitarle el yeso a Jorge
> Los médicos le habrán quitado el yeso a Jorge.

1. Jorge / dejar de usar muletas

   Jorge habrá dejado de usar muletas.

2. Juan / visitar a Jorge

   Juan habrá visitado a Jorge.

3. Jorge / curarse

   Jorge se habrá curado.

4. los amigos / pasarlo bien en Los Ángeles

   Los amigos lo habrán pasado bien en Los Ángeles.

5. Albertico / no subirse más a un árbol

   Albertico no se habrá subido más a un árbol.

7 Piense en seis actividades que Ud. y sus parientes han hecho recientemente. Luego, escriba seis oraciones originales.

> **MODELO** Mi hermano ha visitado Guatemala.

1. **Answers will vary.** _____

2. _____

3. _____

4. _____

5. _____

6. _____

8 Escriba en los espacios las letras de las frases de la columna de la derecha que correspondan con las palabras de la columna de la izquierda.

1. __D__ infección   A. se necesitan para respirar

2. __E__ erupción   B. se toma para el dolor de cabeza

3. __A__ pulmones   C. a nadie le gustan pero son necesarias

4. __B__ aspirina   D. se toma antibiótico cuando se tiene esto

5. __F__ gotas   E. es tipo de enfermedad en la piel

6. __C__ inyecciones   F. son cantidades pequeñas de un líquido

9 Ponga las letras en el orden correcto para escribir cinco palabras referentes a un hospital.

1. ióninacflam   inflamación

2. íaluponm   pulmonía

3. stllaipa   pastilla

4. beraja   jarabe

5. tiócosibanti   antibióticos

10 Conteste las siguientes preguntas con oraciones completas.

1. ¿Cuándo fue la última vez que tuviste una enfermedad?

   Answers will vary.

2. ¿Qué medicina tomaste para curarte?

   _____

3. Si te duele la cabeza, ¿tomas alguna medicina?

   _____

4. ¿Tienes alguna alergia? ¿De qué tienes alergia?

   _____

Repaso rápido: Expresiones con *hace/hacía... que*

Use the following patterns to find out or say how long something has been going on:

> ¿Cuánto tiempo hace + que + *present*?
> hace + *period of time* + que + *present*

¿Cuánto tiempo hace que se encuentra mal?	For how long has he felt bad?
Hace tres días que tiene la gripe.	He has had the flu for three days.

Use the following patterns to find out or say how long ago something happened:

> ¿Cuánto tiempo hace + que + *preterite*?
> hace + *period of time* + que + *preterite*

¿Cuánto tiempo hace que salió del hospital?	How long ago did she leave the hospital?
Hace una semana que volvió a casa.	She returned home a week ago.

To tell how long something had been going on in the past, use:

> hacía + *period of time* + que + *imperfect tense*

Hacía una hora que esperaba al médico.	She had been waiting an hour for the doctor.

Note that *hace* or *hacía* can be combined with *desde* for emphasis.

Está en el hospital desde hace dos semanas.	He has been in the hospital for two weeks.
Estaba enfermo desde hacía tres semanas.	He had been ill for three weeks.

11 Escriba oraciones con las pistas que se dan para decir hace cuánto tiempo ocurre lo indicado. Siga el modelo.

> MODELO   dos días / el paciente / estar en el hospital
> <u>Hace dos días que el paciente está en el hospital.</u>

1. una semana / el paciente / tomar antibióticos

   Hace una semana que el paciente toma antibióticos.

2. tres meses / Clara / trabajar en el hospital

   Hace tres meses que Clara trabaja en el hospital.

3. ocho horas / los médicos / estar en la clínica

   Hace ocho horas que los médicos están en la clínica.

4. dos semanas / Ricardo / tener un yeso

   Hace dos semanas que Ricardo tiene un yeso.

5. tres días / Juanito / respirar mal

   Hace tres días que Juanito respira mal.

12 Escriba oraciones con las pistas que se dan para decir hace cuánto tiempo ocurrieron las cosas indicadas. Siga el modelo.

> MODELO   dos semanas / Ricardo / caerse del árbol
> <u>Hace dos semanas que Ricardo se cayó del árbol.</u>

1. una semana / el paciente / resbalarse

   Hace una semana que el paciente se resbaló.

2. tres meses / Clara / empezar a trabajar en el hospital

   Hace tres meses que Clara empezó a trabajar en el hospital.

3. un año / los médicos / terminar los estudios

   Hace un año que los médicos terminaron los estudios.

4. tres semanas / yo / tener una pulmonía

   Hace tres semanas que tuve una pulmonía.

5. cinco días / Juanito / enfermarse

   Hace cinco días que Juanito se enfermó.

Lección B

1 Encuentre y encierre con una línea seis palabras referentes a estar en forma.

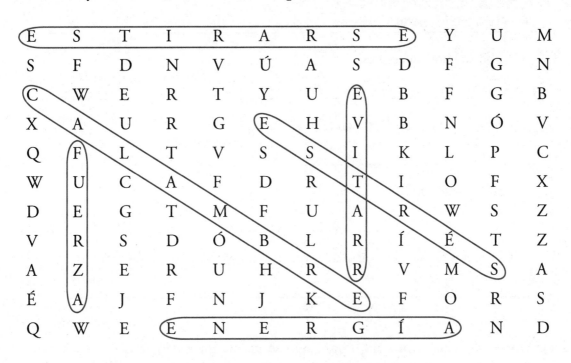

2 Ponga las siguientes actividades en orden de importancia personal.
Answers will vary.

_____ mantenerse en forma

_____ hacer ejercicio

_____ bajar de peso

_____ estirarse

_____ comer bien

3 **Conteste las siguientes preguntas con oraciones completas.**

1. ¿Qué tipo de ejercicio haces tú?

    Answers will vary. _____

2. ¿Qué haces para evitar el estrés?

    _____

3. ¿Qué haces para mantenerte en forma?

    _____

4. ¿Te estiras antes de hacer ejercicio?

    _____

5. ¿Qué piensas de hacer yoga? ¿Crees que es una buena manera de mantenerse en forma?

    _____

4 **Déle cinco consejos a un amigo para que se mantenga en forma.**

MODELO   Te recomiendo que vayas al gimnasio y hagas cinta.

1. Answers will vary. _____

2. _____

3. _____

4. _____

5. _____

Repaso rápido: El imperfecto del subjuntivo con *si*

Use the imperfect subjunctive after *si* for hypothetical situations and to express a desire for things to be other than they are. Then use the conditional tense in the accompanying clause. Note that the *si* clause may be first or last in the sentence.

Si te alimentaras bien, bajarías de peso   If you ate well, you would
Bajarías de peso si te alimentaras bien.   lose weight.

5 Encierre con un círculo la letra de la frase que complete en forma adecuada cada situación.

1. Si quisiera comer bien,...

   A. ...comería muchos dulces.

   (B.) ...comería muchas frutas y verduras.

   C. ...tomaría muchos refrescos.

2. Si quisiera evitar el estrés,...

   (A.) ...haría más ejercicio.

   B. ...trabajaría más.

   C. ...dormiría muy poco.

3. Si quisiera bajar de peso,...

   A. ...comería más grasa.

   (B.) ...haría ejercicio.

   C. ...caminaría menos.

4. Si quisiera ser más fuerte,...

   A. ...comería golosinas.

   (B.) ...levantaría pesas.

   C. ...echaría de menos la comida.

5. Si quisiera hacer ejercicio,...

   (A.) ...haría abdominales.

   B. ...evitaría el estrés.

   C. ...iría a la biblioteca.

6 Complete las siguientes oraciones con el imperfecto de subjuntivo y el condicional de los verbos entre paréntesis.

1. Si tú _estudiaras_____ más, _recibirías_____

   mejores notas. (estudiar, recibir)

2. Si yo _ahorrara_____ dinero,

   _haría_____ un viaje. (ahorrar, hacer)

3. Si nosotros _estuviéramos_____ en la playa,

   _nadaríamos_____ mucho. (estar, nadar)

4. Si Teresa _caminara_____ más,

   _bajaría_____ de peso. (caminar, bajar)

5. Si Ud. _comiera_____ menos grasas,

   _se sentiría_____ mejor. (comer, sentirse)

6. Si yo _fuera_____ tú, _comería_____

   bien. (ser, comer)

7 Termine cada oración de una manera lógica.

1. Si yo quisiera bajar de peso, _Answers will vary._____

2. Si yo hiciera natación, _____

3. Si yo sufriera de mucho estrés, _____

4. Si yo hiciera más flexiones, _____

5. Si comiera menos dulces, _____

6. Si yo durmiera más, _____

8 Encuentre y encierre con una línea seis palabras referentes a una dieta saludable.

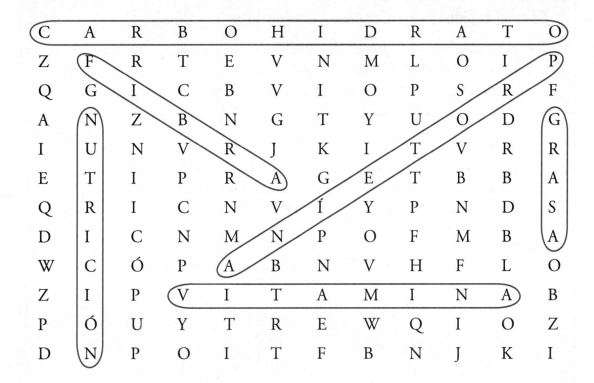

9 Conteste las siguientes preguntas con oraciones completas.

1. ¿Piensas que tienes una alimentación saludable y nutritiva? Explica.

   Answers will vary.
   _____

2. ¿Tienes una dieta equilibrada? ¿Cómo es tu dieta?

   _____

3. ¿Qué alimento te gustaría incluir en una dieta?

   _____

4. ¿Te gusta la comida chatarra? ¿Cuántas veces a la semana comes comida chatarra?

   _____

5. ¿Crees que las hamburguesas son comida chatarra? ¿Por qué?

   _____

Repaso rápido: Preposiciones y pronombres

Prepositions often are followed by a pronoun. Such pronouns include *mí, ti, usted/sí, él/sí mismo, ella/sí misma, nosotros, nosotras, vosotros, vosotras, ustedes/sí, ellos/sí mismos* and *ellas/sí mismas*. Note that the prepositions *entre* and *según* are followed by *yo* and *tú* instead of *mí* and *ti*.

Esta vacuna es para Ud.	This vaccination is for you.
El paciente piensa en ellos	The patient thinks about them
y en sí mismo.	and about himself.
Según tú, la enfermedad	According to you, the illness is
no es seria.	not serious.

The preposition *con* becomes *conmigo, contigo* or *consigo* when combined with *mí, ti* or *sí*.

Voy al consultorio contigo.	I'll go with you to the doctor's office.
La doctora lleva el botiquín	The doctor takes the first aid kit
consigo.	with her.

10 **Ponga un círculo alrededor de la expresión correcta para terminar cada oración.**

1. No hay secretos entre tú y (yo / mí).

2. La doctora quiere hablar (con Ud. / para ti).

3. Los pacientes la esperan (a ella / hacia nosotros).

4. La enfermera lleva el historial médico (conmigo / consigo).

5. Según (ella / ti), van a ponerle dos vacunas.

6. Esta aspirina es para (Ud. / yo).

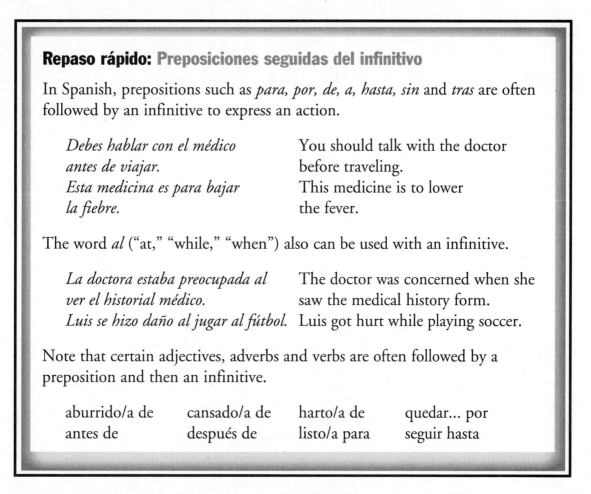

Repaso rápido: Preposiciones seguidas del infinitivo

In Spanish, prepositions such as *para, por, de, a, hasta, sin* and *tras* are often followed by an infinitive to express an action.

Debes hablar con el médico antes de viajar.	You should talk with the doctor before traveling.
Esta medicina es para bajar la fiebre.	This medicine is to lower the fever.

The word *al* ("at," "while," "when") also can be used with an infinitive.

La doctora estaba preocupada al ver el historial médico.	The doctor was concerned when she saw the medical history form.
Luis se hizo daño al jugar al fútbol.	Luis got hurt while playing soccer.

Note that certain adjectives, adverbs and verbs are often followed by a preposition and then an infinitive.

aburrido/a de	cansado/a de	harto/a de	quedar... por
antes de	después de	listo/a para	seguir hasta

11 **Complete las siguientes oraciones con las preposiciones apropiadas.**

1. El paciente necesita tomar el antibiótico **para**_____ curarse.

2. Susana se puso muy contenta después **de**_____ salir del hospital.

3. La doctora va **a**_____ examinar a seis pacientes esta tarde.

4. Marcos está harto **de**_____ estar en el hospital.

5. Los médicos van a seguir **hasta**_____ descubrir el problema.

6. No vaya Ud. de viaje **sin/hasta**_____ recibir las vacunas.

12 Termine cada oración de una manera lógica.

> MODELO   En estos días estoy cansado de <u>trabajar tantas horas</u>.

1. En estos días estoy aburrido/a de <u>**Answers will vary.**_____</u>.

2. En estos días estoy harto/a de _____.

3. En estos días estoy cansado/a de _____.

4. En estos días estoy listo/a para _____.

5. En estos días voy a _____.

6. En estos días no voy a _____.

13 Escriba seis consejos para un(a) amigo/a que empieza una dieta saludable, usando las pistas que se dan.

> MODELO   come alimentos nutritivos
> <u>Recomiendo que tomes alimentos nutritivos.</u>

1. dormir mucho

   <u>**Recomiendo que duermas mucho.**_____</u>

2. comer mucha espinaca

   <u>**Recomiendo que comas mucha espinaca.**_____</u>

3. volver a hacer ejercicio

   <u>**Recomiendo que vuelvas a hacer ejercicio.**_____</u>

4. no saltarse una comida

   <u>**Recomiendo que no te saltes una comida.**_____</u>

5. dejar los carbohidratos

   <u>**Recomiendo que te dejes los carbohidratos.**_____</u>

6. alimentarse bien todos los días

   <u>**Recomiendo que te alimentes bien todos los días.**_____</u>

Capítulo 9

Lección A

1 Encuentre y encierre con una línea ocho palabras que puedes escuchar en un salón de belleza.

```
A  Q  J  R  R  H  N  Í  S  L  D  G  X  W  G
R  A  Y  A  T  Y  U  I  L  J  H  C  E  F  D
O  M  K  P  Y  T  P  R  E  W  Q  S  A  L  W
B  A  Y  A  W  C  V  B  N  A  S  Q  D  F  S
X  B  T  R  B  D  M  L  X  K  C  A  H  G  X
Z  G  R  S  É  F  L  E  Q  U  I  L  L  O  Z
F  T  E  E  D  E  W  H  X  Z  F  I  A  H  D
R  I  W  G  B  Y  H  V  J  U  G  S  R  I  K
O  N  D  U  L  A  D  O  G  X  H  A  R  C  R
R  T  V  E  T  D  B  Y  B  H  J  R  J  U  M
Í  U  G  O  C  G  Á  S  N  D  K  S  H  J  K
L  R  Q  H  E  A  T  Y  H  U  I  E  P  L  K
L  A  S  D  F  G  P  J  K  L  E  R  T  C  X
Z  J  O  I  Ú  Y  T  A  E  É  W  Q  Á  S  D
F  G  D  F  G  H  J  K  S  O  N  H  J  K  L
```

2 Ponga las letras en el orden correcto para escribir seis palabras referentes al pelo.

1. ednoiam   mediano _____

2. pdeioan   peinado _____

3. codogrei   recogido _____

4. elotsu   suelto _____

5. teroc   corte _____

6. olca   cola _____

3 Conteste las siguientes preguntas con oraciones completas.

1. ¿Cómo tienes el pelo?

   Answers will vary. _____

2. ¿Cómo lleva el pelo tu mejor amiga?

   _____

3. ¿Cómo se llama tu peluquero/a?

   _____

4. ¿A qué salón de belleza sueles ir?

   _____

5. ¿Qué productos para el pelo usas?

   _____

6. ¿Prefieres el pelo largo o corto? ¿Por qué?

   _____

Repaso rápido: Presente perfecto del subjuntivo

Remember that the present perfect subjunctive is used to refer to an action that may have occurred before the action of the main verb and is formed with a present subjunctive form of *haber* and the past participle.

¡No puedo creer que te ***hayas rapado*** *el pelo!*	I can't believe that you **have shaved** your hair!

---

4 Escriba oraciones completas, usando el presente perfecto del subjuntivo y las pistas que se dan para decir cosas que Ud. no cree que hayan pasado.

MODELO Alicia / ponerse acondicionador
No creo que Alicia se haya puesto acondicionador.

1. Clara / alisarse el pelo

   No creo que Clara se haya alisado el pelo.

2. Pedro y Jairo / teñirse el pelo de rojo

   No creo que Pedro y Jairo se hayan teñido el pelo de rojo.

3. Gabriel / raparse el pelo

   No creo que Gabriel se haya rapado el pelo.

4. tú / dejarte flequillos

   No creo que tú te hayas dejado flequillos.

5. nosotros / peinarse esta mañana

   No creo que nosotros nos hayamos peinado esta mañana.

6. Ud. / ir al salón de belleza

   No creo que Ud. haya ido al salón de belleza.

Repaso rápido: El pluscuamperfecto del subjuntivo

The pluperfect subjunctive consists of the imperfect subjunctive form of *haber* and the past participle of a verb.

> hubiera
> hubieras
> hubiera
> hubiéramos   + *past participle*
> hubiérais
> hubieran

As shown in the following examples, the pluperfect subjunctive is used in contrary-to-fact statements in the past in combination with the conditional perfect.

Si Jorge hubiera ido al salón de belleza, habría estado más guapo para la fiesta.	If Jorge had gone to the beauty salon, he would have been more handsome for the party.
Si Teresa no hubiera hablado con Carmen, habría llamado a otra amiga.	If Teresa hadn't talked with Carmen, she would have called another friend.

The pluperfect subjunctive also is used when the verb in the main clause is in the past but the action in the other clause had (or had not) already happened.

Dudaba que Sandra hubiera salido tan pronto.	I doubted that Sandra had left so soon.
Esperábamos que Pilar no se hubiera cambiado el peinado.	We hoped that Pilar hadn't changed her hairstyle.

Note that the pluperfect subjunctive can be used as well when the main clause verb is in the conditional tense.

Sería mejor que te hubieran cortado el pelo más corto.	It would be better if they had cut your hair shorter.
Preferiría que hubieras cambiado el peinado.	I would prefer that you had changed the hairdo.

5 Escriba oraciones completas para explicar qué habría pasado en otras circunstancias.

> **MODELO** María / tener tiempo / ir al salón de belleza
> Si María hubiera tenido tiempo, habría ido al salón de belleza.

1. Teresa y Carmen / tener que estudiar / no hablar por teléfono

   Si Teresa y Carmen hubieran tenido que estudiar, no habrían

   hablado por teléfono.

2. Carmen / ir al salón de belleza / tener otro peinado

   Si Carmen hubiera ido al salón de belleza, habría tenido otro peinado.

3. el peluquero / trabajar los sábados / tener más clientes

   Si el peluquero hubiera trabajado los sábados, habría tenido

   más clientes.

4. mi amiga / tener un corte moderno / estar muy contenta

   Si mi amiga hubiera tenido un corte moderno, habría estado

   muy contenta.

5. Tomás / no tener clientes famosos / no cortarle el pelo a Teresa

   Si Tomás no hubiera tenido clientes famosos, no le habría cortado

   el pelo a Teresa.

6 A veces nos arrepentimos de no haber hecho ciertas cosas. Siga el modelo para expresar cinco ideas personales.

> **MODELO** Estaría más contento/a si me hubiera teñido el pelo.

1. **Answers will vary.** _____

2. _____

3. _____

4. _____

5. _____

Repaso rápido: *Cualquiera*

The word *cualquiera* means "any" or "anyone" in English and can be used as an adjective or pronoun. It ends in *-a* but is both masculine and feminine.

Cómprame un cuaderno cualquiera.	Buy me any notebook.
Pásame una silla cualquiera.	Pass me any chair.
Cualquiera puede trabajar allí.	Anyone can work there.

When *cualquiera* refers to a person and is placed after a noun, it has a negative connotation.

Es un hombre cualquiera.	He is not a very distinguished man.

Note that before a noun the final *-a* of *cualquiera* is removed:

Cualquier estudiante puede participar.	Any student can participate.

Cualquier día means "someday" or "any day." *En cualquier momento* may mean "whenever," "any time now" or "one of these days."

Cualquier día me corto el pelo.	Someday I'll get a haircut.
Hablaré con Carmen en cualquier momento que ella esté en casa.	I'll talk with Carmen whenever she is at home.

7 **Complete las siguientes oraciones con *cualquier* o *cualquiera* según sea apropiado.**

1. __Cualquier_____ día Carmen irá al salón de belleza.

2. Ella usa __cualquier_____ gel.

3. Juan no es un peluquero __cualquiera_____.

4. __Cualquiera_____ pagaría mucho por ese peinado.

5. Teresa va a llegar en __cualquier_____ momento.

6. En el salón de belleza leo una revista __cualquiera_____.

8 Piense en sus amigos y en su colegio para escribir ocho oraciones originales con la palabra *cualquiera*.

> **MODELO**   Cualquier día mi profesor va a anunciar un examen.

1.   **Answers will vary.** _____

2.   _____

3.   _____

4.   _____

5.   _____

6.   _____

7.   _____

8.   _____

9 Encuentre y encierre con una línea ocho palabras referentes a comprar ropa.

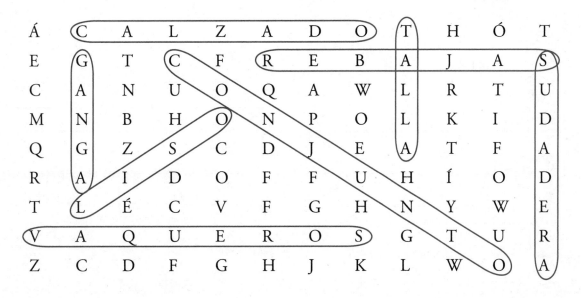

10 Escriba la palabra que corresponda con cada definición.

1. **vaqueros** _____ : es un tipo de pantalones

2. **talla** _____ : dos ejemplos son mediana y grande

3. **estampada** _____ : es un tipo de tela que tiene dibujos en la tela

4. **rebajas** _____ : cuando hay precios especiales

5. **de lunares** _____ : es un tipo de tela que estampada con círculos

11 Conteste las siguientes preguntas con oraciones completas.

1. ¿Qué ropa llevas en un día normal?

   Answers will vary. _____

2. ¿Dónde te gusta comprar ropa?

   _____

3. ¿Cuándo hay rebajas en aquella tienda?

   _____

4. ¿Qué talla de camiseta usas?

   _____

5. ¿Cuáles son tus colores favoritos de ropa?

   _____

Repaso rápido: Cuando los colores son adjetivos

Adjectives of color usually agree in gender and number with the nouns they modify. Such adjectives also can have diminutive endings.

Elena va a comprar unos   Elena is going to buy some
zapatos negros.   black shoes.
Marisol quiere una bufanda roja.   Marisol wants a red scarf.

The gender and number of a color do not change when it is accompanied by a modifier.

Alberto busca unas camisetas   Alberto is looking for some navy
azul marino.   blue T-shirts.

The expressions *de color* and *color de* are often used when the color refers to an element of nature.

El suéter es de color miel.   The sweater is honey-colored.

The gender and number of a color do not change when the phrases *de color/ color de* are omitted but understood.

Marisol compró unas zapatillas   Marisol bought pink slippers.
(de color) rosa.

12 Escriba oraciones completas con las pistas que se dan para describir cómo Elena combina los colores de la ropa.

MODELO   vaqueros / azul   camiseta / azul marino
     Lleva los vaqueros azules con la camiseta azul marino.

1. bufanda / negro   blusa / blanco

    Lleva la bufanda negra con la blusa blanca.

2. suéter / beige   pantalones / azul

    Lleva el suéter beige con los pantalones azules.

3. zapatos / blanco   vaqueros / azul marino

    Lleva los zapatos blancos con los vaqueros azul marino.

4. pantalones / blanco   sandalias / azul

    Lleva los pantalones blancos con las sandalias azules.

5. camiseta / morado   vaqueros / negro

    Lleva la camiseta morada con los vaqueros negros.

6. suéter / rojo   blusa / blanco

    Lleva el suéter rojo con la blusa blanca.

13 Explique qué ropa va a llevar al colegio mañana y qué ropa va a llevar a una fiesta formal. Debe indicar los colores y otros detalles de la ropa.

para el colegio: **Answers will vary.** _____

_____

_____

_____

_____

_____

_____

para la fiesta: _____

_____

_____

_____

_____

_____

_____

Repaso rápido: Los diminutivos y los aumentativos

Suffixes (i.e., *-ito/a*, *-ico/a*, *-illo/a*) can be added to nouns, adjectives and names to indicate small size or endearment: *bajo* → *bajito*, *coche* → *cochecito*, *trabajo* → *trabajillo*.

Words that end in a consonant usually add *-c* to the suffix: *canción* → *cancioncita*.

Note that in certain cases the suffix *-illo/a* changes the meaning of a word.

bolso = bag	*bolsillo* = pocket
zapato = shoe	*zapatilla* = slipper
planta = sole of the foot	*plantilla* = inside sole of a shoe

In contrast to the diminutives noted above, certain suffixes called *aumentativos* can be added to nouns to indicate a larger size.

-ón/ona	*simple*	→	*simplón*
-azo/a	*trabajo*	→	*trabajazo*
-ote/a	*anillo*	→	*anillote*

In several cases a feminine word becomes masculine and there is a change of meaning.

una camisa = a shirt	*un camisón* = a nightgown
una silla = a chair	*un sillón* = an armchair
una taza = a cup	*un tazón* = a bowl

14 **Carlitos y David son muy diferentes porque Carlitos es pequeño y David es grande. Ponga las palabras correctas en los espacios para completar cada oración.**

cabezón   sillón   pantaloncitos   bajito   gorrita   sillita   zapatotes

1. David es alto pero su hermano Carlitos es **bajito** _____.

2. Carlitos lleva **pantaloncitos** _____ azules.

3. Los pies de David son grandes y por eso lleva **zapatotes** _____.

4. En la cabeza, Carlitos lleva una **gorrita** _____.

5. La gorra de David es más grande porque es muy **cabezón** _____.

6. Carlitos se sienta en una **sillita** _____ y su hermano se sienta

   en el **sillón** _____.

Lección B

1 Escriba en los espacios las letras de las frases de la columna de la derecha que correspondan con las palabras de la columna de la izquierda.

1. __D__ tintorería   A. estado en el queda una prenda después de caerle comida

2. __F__ arrugada   B. estado de la ropa después de mucho uso

3. __A__ manchada   C. cuando la ropa pierde color

4. __B__ gastada   D. un negocio que lava ciertos tipos de ropa

5. __C__ desteñirse   E. cuando la ropa es más pequeña que antes

6. __E__ encogerse   F. estado de la ropa antes de plancharse

---

Repaso rápido: El subjuntivo en cláusulas adverbiales

Three other conjunctions that require the subjunctive are *a menos que, con tal de que* and *sin que.*

Roberto no va al baile a menos que su novia pueda ir.	Roberto isn't going to the dance unless his girlfriend can go.
Carlos va a alquilar un traje de etiqueta con tal de que le quede bien.	Carlos is going to rent a tuxedo provided that it fits well.
Enrique no puede ir al baile sin que sus padres lo sepan.	Enrique can't go to the dance without his parents knowing about it.

Aunque is followed by the subjunctive if there is a sense of uncertainty. Otherwise, the indicative is used.

Voy a comprar el traje aunque cuesta mucho.	I am going to buy the suit although it costs a lot. (The speaker knows the cost.)

Voy a comprar el traje aunque cueste mucho. I am going to buy the suit although it might cost a lot. (The speaker is unsure of the cost.)

---

2 Complete las siguientes oraciones sobre los preparativos para un baile en Guadalajara. Siga el modelo.

> MODELO   Roberto va a ver a su primo para que le _preste_ un traje. (prestar)

1. Carlos va a alquilar un traje con tal de que **encuentre** _____

   su talla. (encontrar)

2. Enrique llevará un traje con tal de que la tienda **pueda** _____

   arreglarlo. (poder)

3. El vendedor no estará contento a menos que los chicos **alquilen** _____

   los trajes. (alquilar)

4. Carlos va a comprar un regalo para Alicia a fin de que ella **tenga** _____

   una sorpresa. (tener)

5. Los chicos irán a una tienda más para que Roberto **compre** _____

   un corbatín. (comprar)

3 Imagine que Ud. tiene la responsabilidad de cuidar unos niños. Complete las siguientes oraciones para resumir las reglas que los vecinos han establecido.

> MODELO   Pueden mirar la televisión con tal de que los programas <u>sean</u> buenos. (ser)

1. Los niños no pueden ver la televisión a menos que **terminen** _____

   la tarea. (terminar)

2. Ellos pueden comer helado con tal de que **coman** _____

   las verduras primero. (comer)

3. Tienen que acostarse a las nueve aunque no **quieran** _____. (querer)

4. Pueden salir de la casa sin que tú **vayas** _____ con ellos. (ir)

5. Este dinero es para que tú les **compres** _____ unos dulces en

   la tienda. (comprar)

6. Vamos a llamar a casa a fin de que tú nos **digas** _____

   cómo están. (decir)

4 Cambie las oraciones, usando adjetivos posesivos. Siga el modelo.

> **MODELO** Mi traje es negro.
> El traje mío es negro.

1. Su novia se llama Alicia.

   La novia suya se llama Alicia.

2. Sus amigos viven en Guadalajara.

   Los amigos suyos viven en Guadalajara.

3. Tu chaqueta es muy elegante.

   La chaqueta tuya es muy elegante.

4. Nuestra fiesta será el sábado.

   La fiesta nuestra será el sábado.

5. Mis amigas estarán en la fiesta.

   Las amigas mías estarán en la fiesta.

5 Use la información indicada para comparar diferentes personas con Carlos.

> **MODELO** La novia de Carlos se llama Alicia. (Roberto / Cristina)
> La suya se llama Cristina.

1. El colegio de Carlos está en México. (yo / los Estados Unidos)

   El mío está en los Estados Unidos.

2. Los amigos de Carlos son cómicos. (nosotros / simpáticos)

   Los nuestros son simpáticos.

3. El traje de Carlos es formal. (tú / elegante)

   El tuyo es elegante.

4. La familia de Carlos es grande. (Enrique / pequeña)

   La suya es pequeña.

5. Los hermanos de Carlos son mayores. (Roberto / menores)

   Los suyos son menores.

6 Conteste las siguientes preguntas con oraciones completas.

1. ¿Llevas una cadena o un anillo?

   Answers will vary. _____

2. ¿Quién de tu familia lleva más joyas?

   _____

3. ¿Quién de tu familia lleva gemelos en sus camisas?

   _____

4. ¿Dónde se venden llaveros en tu ciudad?

   _____

5. ¿Qué te gusta regalar a tus amigos?

   _____

6. ¿Qué te gusta recibir como regalo?

   _____

7. ¿Te gustan las artesanías? Explica.

   _____

   _____

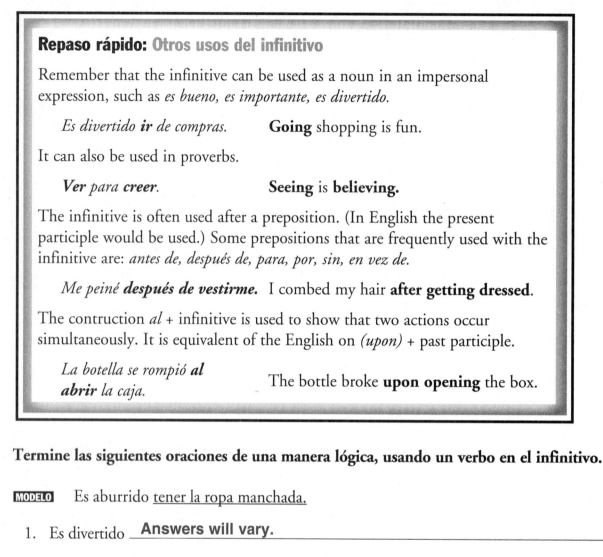

Repaso rápido: Otros usos del infinitivo

Remember that the infinitive can be used as a noun in an impersonal expression, such as *es bueno, es importante, es divertido.*

*Es divertido **ir** de compras.*   **Going** shopping is fun.

It can also be used in proverbs.

*Ver para **creer**.*   **Seeing** is **believing.**

The infinitive is often used after a preposition. (In English the present participle would be used.) Some prepositions that are frequently used with the infinitive are: *antes de, después de, para, por, sin, en vez de.*

*Me peiné **después de vestirme**.*   I combed my hair **after getting dressed**.

The contruction *al* + infinitive is used to show that two actions occur simultaneously. It is equivalent of the English on *(upon)* + past participle.

*La botella se rompió **al abrir** la caja.*   The bottle broke **upon opening** the box.

7 **Termine las siguientes oraciones de una manera lógica, usando un verbo en el infinitivo.**

> MODELO   Es aburrido <u>tener la ropa manchada.</u>

1. Es divertido __**Answers will vary.**_____

2. Es excelente _____

3. Es malo _____

4. Es importante _____

8 **Ponga un círculo alrededor de la palabra que completa lógicamente cada oración.**

1. Vamos a mirar otras cadenas antes de (compran /(comprar)) esta de oro.

2. Después de ((ir)/ voy) a la joyería voy a ir al salón de belleza.

3. Este jarrón de cristal me parece perfecto para (ajustar /(Alicia)).

4. Muchas gracias por ((venir)/ acortar) a nuestra fiesta.

5. Graciela nunca sale a la calle sin (raparse /(aretes)).

Repaso rápido: Usos del gerundio y del participio pasado

Remember that the present participle, or gerund, is used with *estar* to form the progressive tense. In this case, it stresses the fact that the action of the verb is continuing at the time.

> *No puedo ir a la zapatería ahora porque* **está lloviendo.**
>
> I can't go to the shoe store now because **it is raining.**

It can also stress a continuing action with *continuar, seguir,* and other verbs of motion *(venir, andar, entrar, ir).*

> **Van corriendo** *por la calle.*
>
> They **are running** through the street.
>
> *Él* **seguía pensando** *en el precio.*
>
> He **kept thinking** about the price.

It can also express the cause, manner or means of an action. In English, this is often accompanied by a word such as *by, as,* or *when.*

> **Practicando,** *aprendí a coser bien.*
>
> **By practicing,** I learned how to sew well.

It can also describe the background action of the main verb.

> **Caminando** *por la calle, me encontré con María.*
>
> **While walking** through the street, I ran into María.

The past participle's main use is forming compound tenses with *haber.*

> **He comido** *pollo.*
>
> I **have eaten** chicken.
>
> **Habíamos comprado** *unos vaqueros.*
>
> We **had bought** some jeans.

When used in forming compound tenses, the past participle always ends in *-o.* At all other times, the past participle functions as an adjective and must agree in number and gender with the noun it modifies.

> *Ella se peina* **parada** *delante del espejo.*
>
> She combs he hair **standing** in front of the mirror.

It can also be used with *estar* to express a condition or state that is generally the result of an action.

> *Los niños jugaron con el jarrón y ahora el jarrón* **está roto.**
>
> The children played with the vase and now the vase **is broken.**

9 **Escoja entre el gerundio, el infinitivo y el participio para completar cada oración.**

> MODELO Mi familia está en el centro comercial y por eso la puerta de nuestra casa
> está <u>cerrada</u>. (cerrar)

1. Mis hermanos se distraen __comprando__ en el centro comercial. (comprar)

2. Nosotros siempre miramos los precios antes de __decidir__. (decidir)

3. Al __entrar__ en una tienda, quiero saber si hay rebajas. (entrar)

4. No compro nada si los artículos están __rotos__. (romper)

5. Sigo __pensando__ que mi hermano mayor gasta mucho dinero. (pensar)

6. A veces vuelvo a casa sin __comprar__ nada. (comprar)

10 **Complete las oraciones, usando el participio pasado de los verbos entre paréntesis.**

1. Yo había __comprado__ un broche hace muchos años. (comprar)

2. Las mangas de la chaqueta de Ernesto se habían __encogido__ después de
   lavarla. (encoger)

3. El jarrón que compré ayer estaba __roto__. (romper)

4. No he __escrito__ ninguna carta porque no tengo papel de carta. (escribir)

5. Rosario no ha __vuelto__ de la joyería todavía. (volver)

6. Mi traje nuevo fue __cosido__ por el nuevo sastre. (coser)

Nombre: _____ Fecha: _____

Capítulo **10**

Lección A

1 Escriba en los espacios las letras de las frases de la columna de la derecha que correspondan con las palabras de la columna de la izquierda.

1. __C__ psicólogo   A. persona que hace planos de casas

2. __D__ diseñador   B. persona que puede arreglar problemas de agua

3. __A__ arquitecto   C. persona que estudia el comportamiento de las personas

4. __F__ electricista   D. persona que diseña ropa

5. __B__ fontanero   E. persona que tiene su propio negocio

6. __E__ empresario   F. persona que puede arreglar problemas de luz

2 Ponga los siguientes campos y carreras en su orden de interés personal, numerándolos de uno a siete. Luego escriba por qué le interesa el campo o la carrera que seleccionó como primera opción.

Answers will vary.

la arquitectura _____

la ingeniería _____

la informática _____

la producción de cine _____

las relaciones públicas _____

ser diseñador(a) de ropa _____

la psicología _____

Me interesa _____ porque _____

_____

_____

_____

3 **Conteste las siguientes preguntas con oraciones completas.**

1. ¿Qué campos de trabajo te interesan?

    Answers will vary. _____

2. ¿Hacia qué campo tienes una pasión especial?

    _____

3. ¿Estás seguro/a de lo que quieres hacer en el futuro?

    _____

4. ¿Has solicitado una beca alguna vez? ¿Qué pasó?

    _____

5. ¿En qué campo tienes mucha facilidad?

    _____

6. ¿Cuáles son las ventajas y las desventajas de ser empresario/a?

    _____

    _____

    _____

    _____

    _____

Repaso rápido: Verbos que terminan en *-iar* y en *-uar*

Most verbs ending in *-iar* and *-uar* are regular verbs. They include:

iar		*uar*	
confiar en	to trust	*acentuar*	to accent
criar	to raise	*actuar*	to act
enfriar	to cool	*atenuar*	to lessen
enviar	to send	*evaluar*	to evaluate
fotografiar	to photograph	*graduarse*	to graduate
esquiar	to ski	*insinuar*	to insinuate
guiar	to guide	*situar*	to situate
vaciar	to empty		
variar	to vary		

Some verb forms break the diphthong and for this reason there is a written accent mark in all present indicative, present subjunctive and command forms except *nosotros*.

Ellos esquían en Chile.	They ski in Chile.
Quiero que Uds. evalúen el trabajo.	I want you to evaluate the work.
Nosotros enviamos mensajes.	We send messages.

4 Escoja entre los verbos de la lista el verbo que complete apropiadamente cada oración y déle la forma correcta del presente indicativo. Ponga la tilde cuando sea necesario.

variar   guiar   enviar   actuar   esquiar   evaluar   graduarse

1. La calidad de diferentes marcas de ropa **varía** _____ mucho.

2. Los profesores ___**evalúan/guían**___ a los estudiantes.

3. Luis trabaja en un parque nacional donde **guía** _____ a los turistas.

4. A veces ese chico **actúa** _____ de una manera rara.

5. Tú **te gradúas** _____ del colegio en junio.

6. Yo **envío** _____ mi solicitud de beca a diferentes universidades.

7. Nosotros **esquiamos** _____ en las montañas en el invierno.

5 Encuentre y encierre con una línea cinco palabras referentes a buscar trabajo.

S	O	L	I	C	I	T	A	R	Y	R	V
Q	R	U	I	Ó	P	E	C	I	Í	E	L
X	C	V	Á	Y	U	I	W	O	P	F	É
Z	Q	V	W	E	T	T	G	F	H	E	K
G	R	A	D	U	A	R	S	E	C	R	S
X	E	G	D	T	Y	U	P	L	M	E	B
W	L	E	D	Á	R	U	I	C	V	N	N
E	L	T	C	V	G	F	K	I	O	C	Ú
S	E	E	Á	T	I	Ó	P	V	B	I	J
W	N	S	D	X	V	C	B	N	I	A	L
Z	A	A	F	G	H	J	K	L	R	S	L
S	R	C	O	N	T	R	A	T	A	R	Y

6 Ponga las letras en el orden correcto para escribir cinco palabras referentes a una entrevista de trabajo.

1. efbicioens   **beneficios** _____

2. uespto   **puesto** _____

3. quitossrei   **requisitos** _____

4. udoels   **sueldo** _____

5. roialumfro   **formulario** _____

7 **Conteste las siguientes preguntas con oraciones completas.**

1. ¿Qué tipo de trabajo te gustaría solicitar?

   Answers will vary. _____

   _____

2. ¿Qué información pondrías en tu currículum vitae?

   _____

   _____

3. ¿Te gustaría tener un trabajo de jornada completa o de media jornada? ¿Por qué?

   _____

   _____

4. ¿Cuál es un ejemplo de ser una persona emprendedora?

   _____

   _____

5. ¿Quién sería una buena referencia para ti?

   _____

   _____

Repaso rápido: Usos del subjuntivo y del indicativo

Use the subjunctive:

- after expressions of doubt

  No creo que ellos tengan experiencia.   I don't think they have experience.
  Dudo que ella sea emprendedora.   I doubt that she's enterprising.
  No estoy seguro de que te conozca.   I'm not sure I know you.

- after impersonal expressions of uncertainty or doubt

  No es verdad que él tenga dos cartas de referencia.   It's not true that he has two letters of recommendation.

- to give advice and make suggestions or recommendations

  Jorge dijo que rellenáramos el formulario.   Jorge told us to fill out the form.

- to refer to an indefinite or unknown person or object

  Necesito una persona que sepa español.   I need someone that speaks Spanish.

- after certain conjunctions such as *aunque, cuando, en cuanto, hasta que, tan pronto como,* if the outcome of the action is uncertain

  Voy a comprar esa computadora aunque sea cara.   I am going to buy that computer even though it could be expensive. (It's possible that it may be expensive.)

  Lo compraré cuando tenga dinero.   I'll buy it when I have money.

Use the indicative:

- to express certainty

  Estoy seguro de que te conozco.   I am sure I know you.

- after impersonal expressions of certainty

  Es cierto que ella es muy trabajadora.   It's true she is hardworking.

- to report actions

  Jorge dijo que su hermano aceptó el trabajo.   Jorge said his brother accepted the job.

- to refer to known people or objects

  Necesito a la profesora que sabe español.   I need the teacher that speaks Spanish. (I know she exists.)

- after certain conjunctions if the outcome of the action is certain

  Voy a comprar esa computadora aunque es cara.   I am going to buy that computer even though it is expensive. (I know the price.)

8 Imagine que un amigo suyo está buscando trabajo. Escriba seis oraciones para darle consejos.

> **MODELO**   recomendar / tú preparar tu currículum
> <u>Recomiendo que tú prepares tu currículum.</u>

1. recomendar / tú escribir una carta de presentación

   Recomiendo que tú escribas una carta de presentación.

2. esperar / tú solicitar varios puestos

   Espero que tú solicites varios puestos.

3. es importante / nosotros leer los anuncios

   Es importante que nosotros leamos los anuncios.

4. es necesario / tú vestirse bien para la entrevista

   Es necesario que tú te vistas bien para la entrevista.

5. querer / nosotros practicar antes de la entrevista

   Quiero que nosotros practiquemos antes de la entrevista.

6. esperar / la empresa ofrecerte un puesto

   Espero que la empresa te ofrezca un puesto.

9 Complete las siguientes oraciones, usando el subjuntivo o el indicativo de los verbos entre paréntesis según corresponda.

1. No creo que **contraten** más empleados en mi compañía este año. (contratar)

2. Creo que ella **es** muy emprendedora. (ser)

3. No conozco a una de las personas que **está** en tus referencias. (estar)

4. Necesito al muchacho que **cumple** con los requisitos para que empiece mañana. (cumplir)

5. No creo que Julio **tenga** la experiencia para el trabajo de la joyería. (tener)

6. Me piden que **rellene** este formulario para solicitar el trabajo. (rellenar)

Repaso rápido: El subjuntivo con sujeto indefinido

Remember to use the subjunctive to describe an indefinite or unknown person or object.

Buscamos una persona que hable español e inglés. Manuel quiere vivir en una ciudad que sea tranquila.	We are looking for a person who speaks Spanish and English. Manuel wants to live in a city that is quiet.

---

10 **Haga oraciones completas con las palabras que se dan para finalizar un anuncio de trabajo.**

MODELO buscamos una persona / hablar dos lenguas
<u>Buscamos una persona que hable dos lenguas.</u>

1. necesitamos una persona / tener experiencia

   Necesitamos una persona que tenga experiencia.

2. queremos una persona / haber estudiado en otro país

   Queremos una persona que haya estudiado en otro país.

3. es necesario / ser responsable

   Es necesario que sea responsable.

4. es necesario / poder viajar

   Es necesario que pueda viajar.

5. queremos / mandarnos su carta de presentación y currículum

   Queremos que nos mande su carta de presentación y currículum.

Lección B

1 Encuentre y encierre con una línea siete palabras referentes a avances y ciencia.

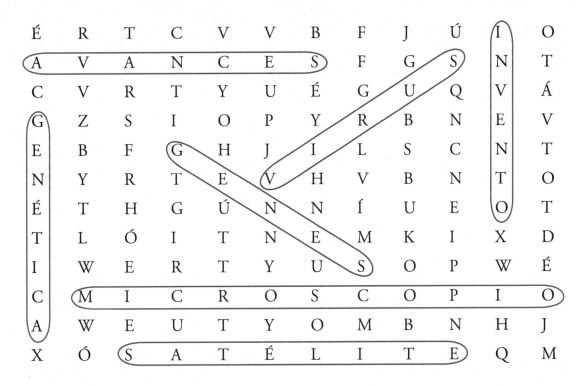

2 Ponga las letras en el orden correcto para escribir cinco palabras referentes al espacio.

1. taiócesn **estación** _____
2. ronutaaast **astronauta** _____
3. tételsai **satélite** _____
4. antaepl **planeta** _____
5. nsbadorordtra **transbordador** _____

3 **Diga seis cosas que Ud. piensa habrá hecho en diez años.**

> MODELO   En diez años habré terminado la universidad.

1. **Answers will vary.** _____

2. _____

3. _____

4. _____

5. _____

6. _____

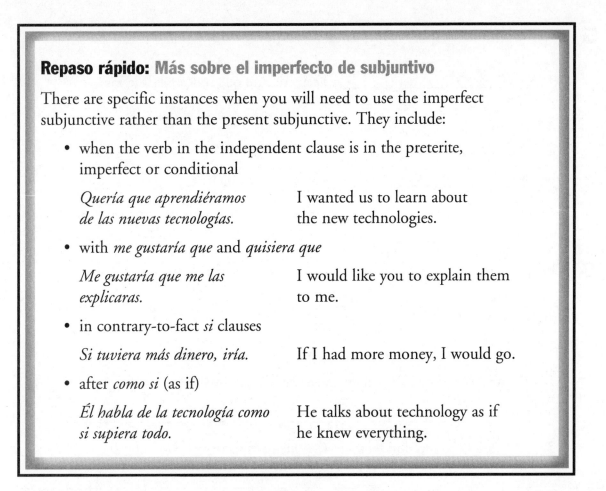

Repaso rápido: Más sobre el imperfecto de subjuntivo

There are specific instances when you will need to use the imperfect subjunctive rather than the present subjunctive. They include:

- when the verb in the independent clause is in the preterite, imperfect or conditional

  Quería que aprendiéramos de las nuevas tecnologías.   I wanted us to learn about the new technologies.

- with *me gustaría que* and *quisiera que*

  Me gustaría que me las explicaras.   I would like you to explain them to me.

- in contrary-to-fact *si* clauses

  Si tuviera más dinero, iría.   If I had more money, I would go.

- after *como si* (as if)

  Él habla de la tecnología como si supiera todo.   He talks about technology as if he knew everything.

4 **Cambie las siguientes oraciones al pasado. Ponga el primer verbo en el imperfecto y el segundo en el imperfecto del subjuntivo.**

1. Quiero que nos expliques las innovaciones.

   Quería que nos explicaras las innovaciones.

2. Esperamos que los adelantos sean positivos.

   Esperábamos que los adelantos fueran positivos.

3. Me gusta que haya más desarrollo.

   Me gustaba que hubiera más desarrollo.

4. Es bueno que la tecnología facilite la comunicación.

   Era bueno que la tecnología facilitara la comunicación.

5. Me sorprende que todo cambie tan rápido.

   Me sorprendía que todo cambiara tan rápido.

5 Escriba la palabra que corresponda a cada definición.

1. __atmósfera_____ : capa de aire que rodea a la Tierra

2. __águila calva_____ : ave de los Estados Unidos

3. __ballena_____ : el mamífero marino más grande

4. __escasez_____ : que no hay suficiente

5. __aerosol_____ : producto químico que destruye la capa de ozono

6 Conteste las siguientes preguntas con oraciones completas.

1. ¿Qué especies en peligro de extinción conoces?

   __Answers will vary._____

2. ¿Cómo piensas que se pueden conservar los recursos naturales?

   _____

3. ¿Reciclas la basura donde tú vives? ¿Qué reciclas?

   _____

4. ¿Cómo piensas que se puede evitar la contaminación ambiental?

   _____

Repaso rápido: Repaso del subjuntivo

You have learned that the present subjunctive of most verbs is formed by removing the *-o* from the *yo* form of the present indicative tense and adding the following endings.

-ar verbs	
yo	mir**e**
tú	mir**es**
él/ella/Ud.	mir**e**
nosotros/as	mir**emos**
vosotros/as	mir**éis**
ellos/ellas/Uds.	mir**en**

-er and *-ir* verbs	
yo	com**a**
tú	com**as**
él/ella/Ud.	com**a**
nosotros/as	com**amos**
vosotros/as	com**áis**
ellos/ellas/Uds.	com**an**

Stem changes, spelling changes and irregularities that appear in the present indicative also appear in the present subjunctive.

| *Quiero que hagamos un viaje.* | I want us to take a trip. |
| *Espero que puedas ir conmigo.* | I hope you can go with me. |

Several verbs have irregular forms in the present subjunctive. They include *estar (esté), haber (haya), ir (vaya), saber (sepa), ser (sea)* and *ver (vea)*.

| *Es mejor que vayamos juntos.* | It is better that we go together. |
| *Espero que haya más puestos.* | I hope there are more jobs. |

Usually the subjunctive is used in sentences that have two different clauses with different subjects and verbs. The notion of influence, emotion or doubt in the first clause causes the subjunctive to be used in the second clause.

subject 1 + present indicative verb + *que* + subject 2 + subjunctive verb

| *Recomiendo que solicites el puesto.* | I recommend that you apply for the job. |
| *Dudo que haya mejores candidatos.* | I doubt that there are better candidates. |

7 **Forme oraciones lógicas con el subjuntivo usando elementos de cada columna.**

MODELO Ojalá que la profesora gane un buen sueldo.

es bueno	yo	trabajar en un comercio
es malo	mis amigos	tener un buen puesto
recomiendo	mi primo	ganar un buen sueldo
me gusta que	nosotros	buscar trabajo
ojalá	Uds.	preparar un currículum
dudo	la profesora	tener una entrevista
prefiero	tú	solicitar varios puestos

1. **Answers will vary.** _____

2. _____

3. _____

4. _____

5. _____

6. _____

7. _____

8 **Complete las siguientes oraciones lógicamente, usando el presente del subjuntivo para indicar lo que Ud. quiere que las siguientes personas hagan para proteger el planeta.**

1. Que Ramiro no **arroje...** _____. (arrojar)

2. Que Uds. **desarrollen...** _____. (desarrollar)

3. Que tú **recicles...** _____. (reciclar)

4. Que Marina **barra...** _____. (barrer)

5. Que nosotros **protejamos...** _____. (proteger)

6. Que Ud. **viva...** _____. (vivir)

7. Que Clara y Rosa no **usen...** _____. (usar)

8. Que todos **aprendamos...** _____. (aprender)

9. Que Ernesto y Gloria **sepan...** _____. (saber)

Repaso rápido: Repaso de los usos del subjuntivo I

The subjunctive can be further summarized as follows. It is used:

- as an indirect command

  Dígale a Juan que solicite el puesto.   Tell Juan to apply for the job.

- with verbs and expressions of preference, like and dislike

  Me interesa que tengas experiencia internacional.   It interests me that you have international experience.

- with verbs and expressions of emotion

  Es triste que Ud. no pueda ir.   It is sad that you cannot go.

- with verbs and expressions of doubt

  Dudo que el sueldo sea alto.   I doubt that the salary is high.

- with words such as *como, donde* and *aunque* when there is uncertainty

  Empezaré a trabajar donde el jefe diga.   I'll start to work where the boss says.

- with the expressions *dondequiera, quienquiera, cualquiera/cualesquiera* and *lo que* (when it means "whatever")

  Dondequiera que vayas, estaré.   Wherever you go, I will be there.

- with the expressions *antes de que, cuando, después de que, en cuanto, hasta que, mientras que* and *tan pronto como* when there is uncertainty about when an action may or may not take place

  Luisa estará más contenta cuando le ofrezcan el puesto.   Luisa will be happier when they offer her the job.

- with conjunctions showing intention or stipulations

  Tendrás un buen puesto con tal de que termines los estudios.   You'll have a good job provided you finish your studies.

- with clauses that describe something or someone that is indefinite or nonexistent

  Buscamos un abogado que tenga experiencia.   We are looking for a lawyer who has experience.

9 Marta es muy optimista pero sabe que no es fácil buscar trabajo. Termine sus ideas de una manera lógica con frases en el subjuntivo.

> MODELO   Voy a solicitar el puesto aunque <u>haya muchos candidatos buenos.</u>

1. Voy a mandar mi currículum vitae aunque __Answers will vary._____

   _____

2. Tal vez yo _____

   _____

3. Tendré un buen puesto en cuanto _____

   _____

4. Buscaré trabajo dondequiera que _____

   _____

5. No hay ningún puesto que _____

   _____

6. Tendremos una gran fiesta para celebrar después de que _____

   _____

Repaso rápido: Repaso de los usos del subjuntivo II

The subjunctive may also be used in the following situations:

- with words such as *cuando, como* and *donde,* when there is uncertainty about the future

*Lo haré **como** ustedes me **pidan**.*	I'll do it **the way you ask** me.
*Podremos ir **cuando terminemos** el trabajo.*	We'll be able to go **when we finish** the job.

- with relative pronouns such as *lo que, la que* and *que*

*Averigua **lo que puedas**.*	Find out **whatever you can.**

- with the word *aunque* when there is uncertainty about the facts

*Dales una carta de referencia **aunque** no te la **pidan**.*	Give them a reference letter **even if** they **don't ask** for it.

- with time expressions such as *antes (de) que, después (de) que, en cuanto, hasta que, mientras que* and *tan pronto como* when they indicate uncertainty about when an action may or may not take place

*Debemos cuidar los recursos naturales **antes de que se agoten**.*	We have to take care of natural resources **before we run** out of them.
***En cuanto me gradúe**, me mudaré a otra ciudad.*	**As soon as I graduate,** I'll move to another city.

- with expressions that indicate intention or purpose, such as *para que, a fin de que, a menos que, con tal de que* and *sin que*

*Ven a la reunión **para que te enteres** de lo que sucede.*	Come to the meeting **so that you'll find out** what's happening.
*No iré **a menos que hablen** del medio ambiente.*	I won't go **unless they speak** about the environment.

- with clauses that describe what is indefinite or hypothetical

***No encuentro** ningún artículo **que hable** sobre la energía solar.*	I can't find any article **that talks** about the solar energy.

- with clauses that describe somebody who may not exist, as in classified advertisements

***Busco** una persona **que sepa** de los últimos avances tecnológicos.*	**I am looking for** someone **who knows** about the latest technological advancements.

10 Escriba frases originales usando el subjuntivo para indicar intenciones o propósitos que tenga para mejorar el medio ambiente.

> **MODELO**   Voy usar menos el carro a fin de que haya menos contaminación.

1. **Answers will vary.** _____

2. _____

3. _____

4. _____

5. _____

6. _____

11 Imagine que Ud. es un(a) empresario/a del medio ambiente y que está buscando una persona para trabajar en su empresa. Escriba un aviso el que describe el tipo de persona que busca.

> **MODELO**   Compañía importante del medio ambiente busca persona que:
> - sepa de desperdicios químicos
> - desarrolle nuevos inventos para disminuir la contaminación

Answers will vary. _____

_____

_____

_____

_____

_____

_____

_____

_____

_____